EN 1H

JE CUISINE LES REPAS DE MES ENFANTS POUR TOUTE LA SEMAINE

ÉVA HARLÉ

EN 1H
JE CUISINE LES REPAS DE MES ENFANTS POUR TOUTE LA SEMAINE

80 MENUS
FAITS MAISON, SANS GÂCHIS
ET AVEC DES PRODUITS DE SAISON

PHOTOGRAPHIES : CHARLY DESLANDES
STYLISME : MANUELLA CHANTEPIE

hachette
CUISINE

Hanaé

Introduction

Lorsque l'on travaille à temps plein et qu'on termine sa journée à 18 h, c'est toujours la course le soir. On file récupérer les enfants à la crèche, au périscolaire, chez la nounou, puis on rentre. Le temps de faire prendre les douches aux enfants et de préparer le repas, la soirée est déjà presque terminée…

Comment faire en sorte que les enfants soient lavés, nourris et couchés à 19 h 30 ? Il suffit d'être bien organisé. Si, je vous assure, j'y arrive !

J'ai toujours tout cuisiné moi-même pour ma petite, des premiers petits pots de légumes et ses premières compotes à des repas plus élaborés par la suite. J'ai aussi acheté des petits pots tout préparés pour dépanner, oui, mais elle ne les aimait pas vraiment… Drôles de textures, puis franchement pour les avoir goûtés, ce n'est pas terrible ! Donc oui, ça dépanne, mais le « fait maison » c'est vraiment meilleur.

En travaillant à temps plein et en continuant à avoir des loisirs, j'ai réussi à tout lui cuisiner moi-même.

Avec ce livre, vous y arriverez aussi !

Comment bien s'organiser au quotidien ?

Un soir dans la semaine vous cuisinez pendant une heure. Dans ce livre, je pars du principe que vous cuisinez le dimanche. Pendant cette heure, vous allez préparer des choses pour tous les dîners de la semaine pour vos enfants. Vous allez prendre de l'avance pour gagner le maximum de temps chaque soir pour la préparation du dîner.

Optimisez le temps au maximum ! Pendant que l'eau pour les pâtes chauffe, épluchez deux pommes et coupez-les en dés pour faire la compote, par exemple.

Pendant que le repas réchauffe, vous pouvez donner la douche à vos enfants, faire les devoirs, etc.

Vous pouvez éplucher certains légumes la veille, les emballer dans du film alimentaire et les conserver au réfrigérateur (ou dans un sachet de congélation dans le bac à légumes de votre réfrigérateur) jusqu'au lendemain (carotte, concombre, courgette, betterave, radis, poireau, poivron, etc.). Attention, les pommes de terre s'oxydent, ne les coupez pas à l'avance.

Des repas équilibrés

Dans ce livre, nous nous basons sur des repas à préparer pour 2 enfants, à partir du moment où l'enfant mange comme un grand. Je précise également une chose : il n'y aura pas beaucoup de viande dans les repas, car je pars du principe que les enfants en mangent à midi à la cantine ou chez la nounou.

Les bienfaits de la soupe le soir pour les enfants

Ne soyez pas surpris de découvrir plusieurs recettes de soupes dans cet ouvrage. Souvent, l'enfant déjeune à la crèche ou à la cantine à midi, et on ne sait pas exactement s'il a correctement mangé ou non ; il se jette fréquemment sur les féculents pour bouder les haricots verts trop cuits de la cantine. En faisant une petite soupe en entrée le soir, on s'assure qu'il ait sa « dose » de légumes journalière. De plus, cela constitue un bon repas équilibré et la soupe cale bien. Prenons par exemple un repas que l'on fait souvent à la maison : un bol de soupe puis des crêpes juste après. Ma fille a 3 ans et demi, et après un gros bol de soupe, elle mange une demi-crêpe au fromage, puis une demi-crêpe au sucre, par exemple (pensez à faire des crêpes assez petites pour que l'enfant puisse en manger plusieurs).

Des crudités en attendant que le repas soit cuit !

Lorsque c'est la pleine saison, faites manger des radis, tomates cerise, bâtonnets de carottes, lamelles de concombre à vos enfants, en attendant que le repas soit chaud. Vous pouvez même déposer dans l'assiette de l'enfant une petite cuillère de fromage blanc pour qu'il puisse y tremper ses légumes.

Les enfants, affamés le soir, grignoteront (avec les doigts !) cette petite entrée très facile à préparer et très équilibrée.

Faire participer les enfants

En semaine, quand on est pressé, c'est très compliqué de faire participer les enfants en cuisine. Mais rattrapez-vous le week-end !

Pour qu'ils participent quand même un peu à la préparation des repas, j'ai quelques petites astuces.

- Le week-end, allez ramasser des pommes ou des champignons ensemble, cueillir des mûres, des framboises…
- Faites remuer la pâte aux enfants, même s'ils sont petits : remuer l'appareil à quiche, la pâte du gâteau, etc. Les enfants adorent cuisiner !
- Faites-les également choisir la forme des pâtes, ou demandez-leur ce qu'ils préfèrent entre du blé et du riz.

Avec ces petits détails du quotidien, ils seront fiers de participer à la préparation des repas.

Et lorsque vous avez un peu plus de temps, mettez-leur un tablier, et réalisez des recettes avec eux. Les enfants adorent cuisiner et même faire la vaisselle, profitez-en… pour la vaisselle ça ne durera pas !

Dans mon réfrigérateur

Dans mon réfrigérateur, il y a des choses que j'achète toutes les semaines, c'est la base : des œufs, du beurre, du lait, de la crème fraîche, du fromage blanc, des yaourts ou petits-suisses, etc. Ce sont des denrées qui se périment vite et que l'on rachète chaque semaine.

Ensuite, selon les menus : des crudités, des légumes, de la viande, du poisson, du jambon, du fromage...

Puis ce qu'il y a toujours et qui ne se périme pas rapidement, par exemple les cornichons, les confitures, la moutarde, le ketchup, etc.

Avant de vous lancer dans la gestion de vos menus, regardez bien ce que contient votre réfrigérateur. Nettoyez-le chaque semaine avant de faire vos courses. En gérant bien votre réfrigérateur et votre congélateur, vous gaspillerez moins de nourriture.

Dans mon congélateur

Même si vous avez un tout petit congélateur comme moi (3 petits bacs), optimisez-le au maximum.

Préparez des poissons panés ou nuggets maison, puis congelez-les. Le soir, vous n'aurez plus qu'à les faire griller à la poêle (ou au four). Congelez des portions individuelles de soupe. Dans mon congélateur, j'ai tout un assortiment de soupes, de toutes les couleurs : des soupes orange, vertes... C'est vraiment très pratique !

Lorsque vous voyez des promotions sur les poivrons et poireaux, achetez-en plusieurs, rincez-les et séchez-les bien. Coupez-les en petits morceaux et conservez-les dans des sachets de congélation au congélateur. Quand vous cuisinerez un plat, vous pourrez prendre une poignée de poivrons ou poireaux déjà coupés pour en mettre dans vos plats !

Préférez les sachets de congélation aux grosses boîtes en plastique qui prennent plus de place.

Pour gagner du temps, il faudra toujours avoir :

- Du pain : de mie, en baguette, en tranches ou mauricettes. À passer au grille-pain quelques secondes ou au four quelques minutes le soir, cela dépanne bien !
- Des poivrons émincés : achetez des poivrons en lots, coupez-les et congelez-les directement.
- Des poireaux émincés : comme pour les poivrons, achetez-les en bottes, émincez-les finement et congelez-les tels quels.
- Des portions individuelles de soupe maison.
- Des plats préparés maison : nuggets, poissons panés, sauce bolognaise, etc.
- De la pâte à pizza, ou pâte brisée en boule bien emballée.
- 1 cube de levure fraîche
- 1 barquette de lardons fumés
- Des fruits surgelés (framboises, mirabelles, mûres, cassis...)

Dans mon placard

* Pâtes (coquillettes, farfalle, macaronis, spaghettis, pâtes alphabet, vermicelles…)
* Riz (thaï, rond…)
* Blé
* Semoule
* Polenta
* Lentilles
* Lentilles corail
* Pois chiches
* Farine
* Fécule de maïs (Maïzena)
* Sucre (cassonade, en poudre, vanillé, glace…)
* Cacao en poudre
* Pépites de chocolat
* Vermicelles en chocolat
* Tablette de chocolat à pâtisser
* Poudre d'amandes
* Amandes effilées
* Extrait de vanille liquide
* Miel
* Sirop d'agave
* Sirop d'érable
* Levure chimique
* Chapelure
* Huile (neutre, olive)
* Vinaigre (Melfor, balsamique)
* Sauce soja
* Concentré de tomates
* Épices (cannelle, curry, noix muscade, pain d'épice…)
* Herbes séchées (laurier, herbes de Provence, aneth…)
* Cubes de bouillon (volaille, légumes)
* Cornichons
* Moutarde
* Pain de mie
* Gros sel
* Sel
* Poivre
* Vin blanc de cuisine

Arrêt

Le matériel

- Des poêles : pour faire griller vos préparations
- Une sauteuse
- Une crêpière pour réaliser de belles crêpes
- Une cocotte
- Une Cocotte-Minute : très pratique pour cuire les légumes et gagner un temps considérable !
- Un robot : pour râper, mixer, hacher toutes sortes de préparation
- Des saladiers de différentes tailles
- Différents moules à gâteaux et moules à tartes
- Un plat à gratin
- Un batteur électrique
- Des cuillères en bois pour remuer tout type de préparation
- Une spatule souple (maryse)
- Une passoire fine (chinois)
- Une mandoline (pour couper finement les légumes)
- Des petits ramequins : parfaits pour servir des petits plats
- Un rouleau à pâtisserie pour étaler toute sorte de pâtes
- Différentes plaques de four
- Du film alimentaire : idéal pour bien emballer les aliments au réfrigérateur
- Du papier sulfurisé : c'est le papier que l'on dépose sur des plaques de four ou dans le fond des moules à gâteaux pour éviter que cela attache
- Du papier d'aluminium
- Des sachets de congélation de différentes tailles (pour déposer les morceaux de légumes à congeler par exemple)
- Un grille-pain
- Un blender ou un mixeur plongeant (pour mixer finement vos soupes)
- Des boîtes rigides de conservation avec leur couvercle
- (pour le congélateur)
- Facultatif mais très pratique : un robot qui cuit ou un blender chauffant.

Préparer des plats à l'avance

Lorsque l'on veut préparer des plats à l'avance, il y a cependant des petites choses à savoir concernant les ingrédients à utiliser ; certains aliments ne se réchauffent pas bien ou perdent tout leur goût et leur texture.

Ainsi, il faudra éviter de cuisiner les aliments et plats suivants :

- Les tartes : les tartes salées ou sucrées se consomment le jour même. La pâte se détrempe au cours de la journée et, réchauffée, elle ne sera plus du tout croustillante. On préférera les quiches sans pâte, par exemple.

- Évitez de mettre des bananes dans la salade de fruits la veille. Ajoutez-les le jour J, ou n'en mettez pas du tout. La banane se ramollit et s'oxyde très facilement, même avec du jus de citron dans la salade de fruits.

- N'utilisez pas de poissons qui n'ont besoin que de peu de cuisson dans vos recettes ; car lorsque vous réchaufferez le plat, vous aurez des poissons tout émiettés ! Préférez le cabillaud, la lotte, le saumon, la julienne…

- Si vous cuisinez des plats mijotés que vous voulez réchauffer le lendemain, ne les cuisez pas trop la veille, sinon vous aurez des viandes trop cuites qui s'effilocheront.

- Ne cuisez jamais de grillades la veille pour le lendemain, la viande serait toute sèche (pas de barbecue la veille, par exemple).

- Ne conservez jamais de plat qui contienne de l'œuf cru plus d'une journée : si vous préparez de la mousse au chocolat ou de la mayonnaise, conservez-la maximum 24h après la réalisation.

- Les pommes de terre ne sont pas du tout bonnes réchauffées : qu'elles soient rôties ou cuisinées dans un plat mijoté, elles ne se consomment pas le lendemain.

La congélation

La congélation est la méthode qui préserve le mieux les qualités nutritionnelles et la saveur des aliments. Par ailleurs, c'est la méthode la plus rapide et la plus simple.

- La viande que vous congelez crue doit être bien dégraissée et bien emballée dans de l'aluminium et dans un sachet de congélation ou une boîte hermétique.

- Le poisson doit être vidé et nettoyé avant d'être congelé. Emballez-le également dans de l'aluminium et un sachet de congélation.

- N'oubliez pas d'étiqueter les sachets et boîtes que vous congelez en y notant la nature du produit et la date de congélation. Plus le temps est court entre le moment où vous congelez le produit et l'utilisation, meilleurs seront les aliments.

- Attention, un produit décongelé ou partiellement décongelé ne doit jamais être recongelé ! Il doit être consommé rapidement. Si vous voulez le recongeler, il est impératif de le cuire à ébullition pendant plusieurs minutes avant de le recongeler.

Printemps

Menu #1

Courses Menu #1

Courses Menu #1

Légumes / Fruits

- 1 botte de radis
- 200 g de tomates cerise
- 1 kg de pommes de terre
- 1 kg de carottes
- 2 courgettes
- 1 patate douce
- 2 tomates
- 1 citron
- 1 petite botte de persil
- 3 oignons
- 1 kg de pommes
- 1 tige de rhubarbe
- 2 kiwis
- 1 banane
- 1 orange

Viande / Poisson

- 200 g de filet de plie
- 1 tranche de jambon
- 12 bâtonnets de surimi
- 150 g de restes de poulet rôti

Crèmerie

- 1 gros pot de fromage blanc
- 1 boîte de fromage frais à tartiner
- 1 l de lait
- 1 œuf
- 2 petits-suisses
- Crème fraîche épaisse
- 1 plaquette de beurre

Placard de base

- 100 g de blé
- 150 g de tagliatelles
- Noix muscade
- Sucre roux
- Sucre en poudre
- Farine
- Maïzena
- Chapelure
- Huile neutre
- Cacao en poudre amer
- Cornichons
- Huile d'olive
- Sel, poivre

Épicerie

- Pain
- 1 petite boîte de champignons

Congélateur

- 1 poignée de poireaux émincés surgelés

Lundi

Radis et fromage blanc
Hachis Parmentier au poulet rôti
Compote pomme-rhubarbe

Mardi

Soupe de légumes et tartines
Crème au chocolat

Mercredi

Tomates cerise
Filet de plie pané et blé
Pomme

Jeudi

Bibleskäse
Salade de fruits

Vendredi

One pot pasta au surimi
Petit-suisse nature et compote pomme-rhubarbe

Préparation Menu #1

Commencez par préparer le hachis Parmentier du lundi soir

1 Épluchez 3 pommes de terre, 1 patate douce, 2 carottes et ½ courgette. Coupez-les en petits morceaux. Coupez les carottes en fines rondelles à l'aide d'une mandoline. Faites cuire le tout 30 min dans une cocotte d'eau bouillante, jusqu'à ce que les légumes soient tendres.

2 Égouttez et reversez dans la cocotte. Écrasez les légumes à l'aide d'un presse-purée. Ajoutez 10 cl de lait et fouettez la purée jusqu'à ce qu'elle soit bien lisse. Ajoutez 10 g de beurre, de la noix muscade, salez et poivrez.

3 Pendant la cuisson des légumes, préparez la garniture : émincez 1 oignon et faites-le revenir dans une poêle dans 1 cuil. d'huile d'olive. Coupez le reste de poulet rôti en morceaux et ajoutez les morceaux dans la poêle. Ajoutez également les champignons en boîte égouttés. Salez et poivrez.

4 Préchauffez le four à 200 °C (th. 6-7). Versez le poulet dans un plat à gratin et recouvrez avec la purée. Faites cuire 25 min à 200 °C jusqu'à ce que la purée soit un peu dorée. Réservez au frais jusqu'au lendemain soir.

Préparez ensuite la soupe du mardi soir

1 Pendant que le hachis Parmentier est au four, faites bouillir 50 cl d'eau dans une casserole.

Épluchez 4 carottes et coupez-les en fines lamelles. Épluchez et coupez 3 pommes de terre en dés, rincez 1 courgette et coupez-la en dés.

2 Versez tous les légumes ainsi qu'une poignée de poireaux émincés surgelés. Salez. Laissez-cuire 25 min. Mixez à l'aide d'un mixeur plongeant. Laissez refroidir puis placez au frais dans une boîte hermétique.

Préparez la compote de rhubarbe pendant la cuisson de la soupe

1 Épluchez 3 pommes et coupez-les en cubes. Épluchez la tige de rhubarbe et coupez-la en petits tronçons. Déposez les morceaux de fruits dans une petite casserole avec 10 cl d'eau et 2 cuil. à soupe de sucre roux. Faites cuire à feu doux avec un couvercle pendant 15 min environ. Remuez de temps en temps pour ne pas que cela attache. Mixez ou écrasez grossièrement à la fourchette. Versez dans deux pots. Réservez au frais.

Préparez le filet de plie pané

1 Dans 3 assiettes creuses, déposez 2 cuil. à soupe de farine, 1 œuf battu et 4 cuil. à soupe de chapelure. Rincez les filets de plie sous l'eau froide et épongez-les avec du papier absorbant. Vérifiez qu'il n'y a pas d'arête. Trempez le poisson dans la farine, puis dans l'œuf battu et enfin la chapelure.

2 Faites chauffer 1 cuil. à soupe d'huile dans une poêle et faites dorer à feu moyen les filets

Préparation Menu #1

de poisson. Retournez-les au bout de 4 à 5 min, jusqu'à ce qu'ils soient dorés.

3 Laissez refroidir le poisson à plat sur une assiette. Lorsqu'il est froid, congelez-le en le déposant dans un sachet de congélation, bien à plat. Vous le passerez au four pendant 15 min le jour J.

Préparez les crèmes au chocolat

1 Versez 50 cl de lait dans une casserole et ajoutez 25 g de cacao amer, 50 g de sucre et 40 g de Maïzena. Fouettez pour bien répartir les ingrédients.

2 Faites chauffer à feu doux en remuant de temps en temps pendant environ 10 min, jusqu'à ce que la préparation commence à épaissir. Répartissez dans 4 ramequins et laissez tiédir.

3 Placez au frais recouvert de papier film jusqu'au mardi soir.

Autres préparations

1 Rincez les radis et équeutez-les. Déposez-les dans un bol recouvert de film alimentaire. Rincez les tomates cerise.

2 Faites chauffer de l'eau dans une casserole et faites cuire le blé en suivant le temps de cuisson sur le paquet. Réservez-le au frais dans une boîte hermétique pour le mercredi soir.

3 Faites bouillir de l'eau dans une casserole et faites cuire 4 pommes de terre entières avec la peau, pendant 20 min. Plantez la lame d'un couteau dans les pommes de terre pour vérifier leur cuisson. Réservez-les au frais pour le jeudi soir.

Résultat Menu #1

Menu #1

Lundi

Radis et fromage blanc
Hachis Parmentier au poulet rôti
Compote pomme-rhubarbe

Préparation : 5 min
Cuisson : 20 min

Préchauffez le four à 180 °C (th. 6). Lorsque le four est chaud, réchauffez le hachis Parmentier pendant 15 à 20 min. Servez 1 cuil. à café de fromage blanc légèrement salé et poivré dans l'assiette des enfants avec quelques radis, le temps que le hachis Parmentier soit chaud.
Servez la compote en dessert.

Mardi

Soupe de légumes et tartines
Crème au chocolat

Préparation : 5 min
Cuisson : 5 min

Faites réchauffer la soupe à feu soux.
Coupez 4 fines tranches de pain, tartinez-les de fromage frais, déposez 1/4 de tranche de jambon par tartine, puis quelques cornichons émincés.
Servez la soupe et les tartines, et 1 crème au chocolat en dessert.

Mercredi

Tomates cerise
Filet de plie pané et blé
Pomme

Préparation : 2 min
Cuisson : 15 min

Préchauffez le four à 180 °C (th. 6). Déposez le filet de plie pané congelé dans un plat et enfournez-le pour 15 min.
Faites réchauffer le blé au micro-ondes.
Pendant que le repas cuit, proposez les tomates cerise en entrée aux enfants.
Servez ensuite le poisson avec du citron, le blé et 1 pomme coupée en quartiers pour le dessert.

Jeudi

Bibleskäse
Salade de fruits

Préparation :
10 min
Cuisson :
5 min

Mélangez 200 g de fromage blanc avec du sel, du poivre, 1 oignon émincé finement et du persil haché. Remuez. Faites réchauffer les 4 pommes de terre cuites entières avec la peau. Déposez dans les assiettes de chaque enfant les pommes de terre coupées en morceaux et une belle cuillerée de fromage blanc.
Préparez la salade de fruits minute : épluchez 1 pomme, 2 kiwis et coupez-les en dés. Épluchez la banane et coupez-la en rondelles. Pressez l'orange et versez le jus sur les fruits. Conservez au réfrigérateur jusqu'au moment du dessert.

Note : Le bibleskäse est composé de pommes de terre cuites à l'eau que l'on sert avec du fromage blanc. Vous pouvez également ajouter quelques lardons grillés à côté. Vous pouvez manger la peau des pommes de terre, mais si les enfants ne l'aiment pas, retirez-la lorsque les pommes de terre sont chaudes.

Vendredi

One pot pasta au surimi
Petit-suisse nature et compote pomme-rhubarbe

Préparation :
10 min
Cuisson :
20 min

Émincez 1 oignon finement et coupez 2 tomates en dés. Dans une casserole, versez 1 cuil. d'huile et déposez l'oignon et les tomates. Coupez les bâtonnets de surimi en dés et ajoutez-les dans la casserole.
Versez 40 cl d'eau froide et les tagliatelles dans la casserole. Faites cuire le tout pendant 20 min. Avant de servir, salez, poivrez et ajoutez 2 cuil. à soupe de crème fraîche.
En dessert, servez 2 petits-suisses nature mélangés avec de la compote pomme-rhubarbe.

Menu #2

Courses Menu #2

Courses Menu #2

Légumes / Fruits

* 500 g de pommes de terre
* 300 g de haricots verts
* 5 courgettes
* 1 carotte
* 1 botte de persil
* 2 tomates
* 1 concombre
* 1 oignon
* 1 échalote
* 3 bananes
* 3 pommes
* 500 g de fraises

Viande / Poisson

* 1 tranche de jambon

Crèmerie

* 11 œufs extra-frais
* 30 cl de crème liquide
* 65 cl de lait
* 1 paquet de fromage râpé
* 1 petit pot de fromage blanc
* 1 plaquette de beurre

Placard de base

* Pain de mie
* 50 g de pépites de chocolat
* 100 g de riz thaï
* Farine
* Levure chimique
* Sucre en poudre
* Cacao amer
* Miel
* Sauce soja
* Huile d'olive
* Huile neutre
* Vinaigre balsamique
* Noix muscade
* Sel, poivre

Épicerie

* 1 bocal d'asperges
* 1 petite boîte de maïs
* 1 petite boîte de tomates pelées

Congélateur

* 100 g de petits pois surgelés
* 30 g de blanc de poireaux émincés surgelés

Lundi

Œuf à la coque et purée de haricots verts
Muffin au chocolat

Mardi

Riz sauté aux légumes
Fromage
Salade de fraises

Mercredi

Galettes de légumes, jambon et fromage blanc
Compote pommes-fraises

Jeudi

Quiche sans pâte aux asperges
Salade de crudités
Glace à la banane

Vendredi

Soupe de légumes verts
Crêpes

Préparation Menu #2

Préparez la quiche sans pâte aux asperges

1 Dans un saladier, fouettez 3 œufs et 50 g de farine. Ajoutez 25 cl de crème et 15 cl de lait jusqu'à ce que l'appareil devienne bien lisse et sans grumeaux. Coupez les asperges en morceaux et ajoutez-les dans le saladier. Assaisonnez et ajoutez 100 g de fromage râpé en dernier. Versez le tout dans un moule en silicone ou dans un moule recouvert de papier sulfurisé.

2 Faites cuire la quiche pendant 30 min à 180 °C (th. 6). Elle doit être bien dorée. Laissez refroidir, puis coupez en parts et placez au congélateur dans des sachets de congélation.

Préparez la purée de haricots verts

1 Épluchez 4 pommes de terre et coupez-les en petits morceaux. Équeutez 100 g de haricots verts et coupez-les en deux en enlevant éventuellement les fils à l'intérieur. Coupez 1 courgette en rondelles.

2 Faites cuire tous les légumes dans une casserole d'eau bouillante 20 min environ, jusqu'à ce que les légumes soient tendres.

3 Égouttez et mixez le tout à l'aide d'un mixeur plongeant en ajoutant du sel, du poivre et de la noix muscade. Laissez refroidir. Lorsque la purée est froide, versez-la dans un saladier et recouvrez de film alimentaire. Conservez au réfrigérateur.

Soupe de légumes verts

1 Équeutez 200 g de haricots verts, ôtez les éventuels fils et coupez-les en deux. Coupez en dés 2 courgettes. Épluchez 2 pommes de terre et coupez-les en dés.

2 Faites bouillir 70 cl d'eau dans une cocotte et ajoutez les légumes, 50 g de petits pois et 30 g de poireaux surgelés. Salez. Faites cuire pendant 20 min. Mixez le tout à l'aide d'un mixeur plongeant et laissez refroidir. Versez dans une boîte hermétique et placez au congélateur.

Préparez le riz aux légumes pendant la cuisson de la purée et de la soupe

1 Coupez 1 courgette en dés. Faites cuire le riz dans un grand volume d'eau salée selon le temps de cuisson indiqué sur le paquet.

2 Épluchez l'échalote et faites chauffer 1 cuil. d'huile d'olive dans grande poêle. Ajoutez les dés de courgette et 50 g de petits pois surgelés. Faites cuire à feu doux, salez, poivrez et ajoutez de la sauce soja et la boîte de tomates pelées.

3 Remuez et laissez cuire pendant une dizaine de minutes jusqu'à ce que les légumes soient tendres. Ajoutez ensuite le riz et remuez pendant quelques minutes. Laissez refroidir et conservez au frais jusqu'au mardi soir, dans une boîte hermétique.

Préparation Menu #2

Préparez la glace à la banane

1 Épluchez 3 bananes et coupez-les en rondelles assez grosses. Déposez les rondelles dans un sachet de congélation et congelez tel quel.

Préparez la compote pommes-fraises

1 Épluchez 3 pommes, ôtez le trognon et coupez-les en cubes. Déposez-les dans une casserole. Rincez 250 g de fraises et équeutez-les. Coupez-les en morceaux et ajoutez-les dans la casserole, avec 2 cuil. à soupe de sucre et 1 cuil. à soupe d'eau.

2 Faites cuire à feu doux à couvert en remuant de temps en temps. Laissez compoter pendant 20 min. Au bout de 20 min, mixez à l'aide d'un blender ou d'un mixeur plongeant, jusqu'à ce que la compote soit bien lisse. Répartissez la compote dans 4 ramequins et recouvrez de film alimentaire. Conservez au frais ou à température ambiante.

Préparez les muffins au chocolat

1 Préchauffez le four à 180 °C (th. 6).

2 Fouettez 2 œufs entiers avec 60 g de sucre en poudre jusqu'à ce que le mélange soit mousseux. Ajoutez 60 g de beurre fondu et fouettez. Ajoutez ensuite 75 g de farine, 25 g de cacao en poudre et ½ cuil. à café de levure chimique. Fouettez la préparation jusqu'à ce qu'elle soit bien lisse. Ajoutez les pépites de chocolat dans la pâte.

Répartissez la pâte dans des empreintes à muffins.

3 Faites cuire les muffins à 180 °C (th. 6) pendant 20 min jusqu'à ce qu'ils soient bien gonflés. Laissez refroidir. Conservez les muffins dans une boîte en plastique avec un couvercle.

Préparez les galettes de légumes

1 Épluchez 3 pommes de terre, 1 carotte et 1 oignon. À l'aide d'un robot, râpez tous les légumes et ½ courgette non épluchée. Versez dans un saladier, ajoutez 1 œuf, 2 cuil. à soupe de farine, 1 cuil. à soupe de persil et assaisonnez. Mélangez à l'aide d'une cuillère en bois.

2 Prélevez une grosse cuillerée du mélange et déposez-la dans une poêle bien chaude avec de l'huile. Faites griller les galettes pendant 3 à 4 min par côté. Renouvelez l'opération jusqu'à l'épuisement de la pâte (normalement environ 4 galettes en même temps dans la poêle).

3 N'hésitez pas à ajouter de l'huile dans la poêle en cours de cuisson pour que les galettes soient bien grillées. Tamponnez-les à l'aide d'un essuie-tout pour ôter le surplus d'huile. Laissez-les refroidir, puis placez-les au congélateur bien à plat dans des sacs de congélation.

Résultat Menu #2

À faire chaque soir Menu #2

Lundi

Œuf à la coque et purée de haricots verts
Muffin au chocolat

Préparation : 10 min
Cuisson : 6 min

Faites bouillir de l'eau dans une petite casserole. Déposez 2 œufs extra frais lorsque l'eau bout et faites-les cuire 6 min. Sortez-les à l'aide d'une cuillère à soupe et déposez-les dans un coquetier.
Pendant la cuisson des œufs coque, faites griller des tranches de pain de mie et beurrez-les. Coupez-les en lamelles pour réaliser des mouillettes.
Réchauffez la purée dans une petite casserole et répartissez-la dans deux petites assiettes, à côté des mouillettes de pain et des œufs coque. Servez 1 muffin en dessert.

Mardi

Riz sauté aux légumes
Fromage
Salade de fraises

Préparation : 10 min
Cuisson : 10 min

Faites réchauffer le riz sauté aux légumes dans une poêle. Rincez 250 g de fraises et équeutez-les. Coupez-les en morceaux et saupoudrez-les de 1 cuil. à soupe de sucre roux.
Proposez un petit morceau de fromage aux enfants avant de passer au dessert. Servez la salade de fraises avec 1 petit muffin au chocolat.

Mercredi

Galettes de légumes, jambon et fromage blanc
Compote pommes-fraises

Préparation : 10 min
Cuisson : 8 min

Le matin, sortez les galettes de légumes du congélateur et placez-les au réfrigérateur. Le soir, faites-les réchauffer dans une poêle à feu doux.
Salez et poivrez un petit pot de fromage blanc. Servez les galettes de légumes avec le fromage blanc, 1 petite tranche de jambon, puis la compote pommes-fraises en dessert.

Jeudi

Quiche sans pâte aux asperges
Salade de crudités
Glace à la banane

Préparation :
10 min
Cuisson :
10 min

Le matin, sortez les parts de quiche sans pâte aux asperges du congélateur et placez-les au réfrigérateur. Le soir, faites-les réchauffer au four.
Pendant que la quiche est au four, préparez la salade de crudités et la glace à la banane : épluchez ½ concombre et coupez-le en petits dés. Coupez les tomates en dés. Mélangez avec 1 boîte de maïs et assaisonnez. Servez avec la quiche.
Sortez les rondelles de bananes du congélateur et déposez-les dans le bol du blender. Versez 2 cuil. à soupe de crème liquide et 1 cuil. à soupe de miel et mixez par à-coups. Répartissez dans 4 coupelles et saupoudrez de pépites de chocolat.

Vendredi

Soupe de légumes verts
Crêpes

Préparation :
10 min
Cuisson :
10 min

Le matin, sortez la soupe de légumes verts du congélateur et placez-la au réfrigérateur. Le soir, faites-la réchauffer à feu doux dans une casserole.
Préparez les crêpes au dernier moment. Fouettez 3 œufs avec 250 g de farine et 2 cuil. à soupe de sucre. Ajoutez 50 cl de lait petit à petit (pour éviter les grumeaux) sans cesser de fouetter. Si la pâte vous semble trop épaisse, n'hésitez pas à ajouter un peu de lait.
Huilez une crêpière et réalisez vos crêpes. Faites dorer les crêpes dans une poêle pendant 2 à 3 min de chaque côté. Déposez-les au fur et à mesure sur une assiette.
Servez un bon bol de soupe puis les crêpes.

Menu #3

Courses Menu #3

500 ML

Courses Menu #3

Légumes / Fruits

* 1 kg de pommes de terre
* Salade verte
* 2 gousses d'ail
* 4 oignons
* Tomates cerise
* 500 g de fraises
* 1 banane
* 2 citrons
* 1 ananas Victoria
* 4 belles pommes Golden
* 1 botte de persil

Placard de base

* 50 g de pâtes alphabet
* 125 g de coquillettes
* Sirop d'érable
* Sirop d'agave ou miel
* Cube de bouillon
* Herbes de Provence
* Herbes séchées
* Chapelure
* Noix muscade
* Cannelle
* Farine
* Sucre roux
* Huile d'olive
* Sel, poivre

Viande / Poisson

* 350 g de viande hachée
* 400 g de blancs de poulet
* 3 tranches de jambon

Crèmerie

* Fromage râpé
* 1 boule de mozzarella
* 10 cl de crème liquide
* Lait
* Yaourts
* Petits-suisses
* 1 plaquette de beurre

Épicerie

* 3 œufs
* 1 boule de pain
* 400 g de tomates pelées en conserve
* 20 cl de coulis de tomates
* 1 pâte feuilletée

Congélateur

* 150 g de petits pois surgelés

Menus de la semaine

Lundi

Boulettes de viande
Poêlée de petits pois
Soupe de fraises

Mardi

Pizzas-tartines et salade
Yaourt

Mercredi

Gratin de coquillettes
Ananas rôti au sirop d'érable

Jeudi

Croquettes de poulet-pommes de terre et salade
Petits-suisses

Vendredi

Soupe à la tomate et pâtes alphabet
Pomme au four feuilletée

Préparation Menu #3

Préparez les pommes feuilletées

1 Préchauffez le four à 180 °C (th. 6). Épluchez les pommes et ôtez le trognon à l'aide d'un vide-pomme. Étalez la pâte feuilletée sur le plan de travail légèrement fariné, coupez-la en quatre.

2 Posez 1 pomme sur chaque morceau de pâte feuilletée. Déposez dans le trou de chaque pomme un morceau de beurre, 1 cuil. de sucre et un peu de cannelle. Déposez-les au fur et à mesure sur une plaque de four recouverte de papier sulfurisé.

3 Refermez bien la pâte, en rabattant les bords vers le haut, de manière à bien enfermer la pomme. Badigeonnez de jaune d'œuf à l'aide d'un pinceau. Enfournez 35 min jusqu'à ce que les pommes soient bien dorées. Laissez-les refroidir et congelez-les dans des sacs de congélation.

Préparez les boulettes de viande

1 Mixez 1 oignon, 1 gousse d'ail et du persil. Faites tremper 1 tranche de pain dans un peu de lait. Dans un saladier, mélangez la viande hachée avec 1 œuf, la tranche de pain imbibée de lait, l'oignon, l'ail, le persil et 1 cuil. à soupe de farine. Salez et poivrez. Formez des petites boulettes entre vos mains (pas plus grandes qu'une noix).

2 Faites griller les boulettes dans une poêle dans 1 cuil. à soupe d'huile d'olive pendant 10 min environ, jusqu'à ce qu'elles soient bien grillées.

Laissez-les refroidir. Déposez-les sur une assiette et couvrez de film alimentaire. Conservez au réfrigérateur jusqu'au lendemain.

Préparez la poêlée de petits pois

1 Émincez 1 oignon finement. Dans une poêle, faites revenir l'oignon pendant quelques minutes dans 1 cuil. à soupe d'huile puis ajoutez 10 tomates cerise entières. Ajoutez 150 g de petits pois surgelés et remuez. Ajoutez 10 cl d'eau, salez, poivrez et laissez cuire 15 min à feu moyen en remuant de temps en temps.

2 Laissez refroidir et placez au frais jusqu'au lendemain soir.

Préparez les croquettes poulet-pommes de terre

1 Épluchez 300 g de pommes de terre et coupez-les en cubes. Faites-les cuire dans un volume d'eau salée pendant 20 min. Égouttez-les et écrasez-les à l'aide d'un presse-purée ou d'une fourchette. Laissez refroidir.

2 Mixez les blancs de poulet crus, 1 oignon et 1 œuf. Déposez cette farce dans un saladier et ajoutez la purée de pommes de terre froide. Malaxez la farce pour la rendre homogène, salez, poivrez et ajoutez de la noix muscade. Formez des galettes, trempez-les dans 1 œuf battu dans une assiette creuse, puis dans de la chapelure. Déposez-les sur une assiette au fur et à mesure.

Préparation Menu #3

3 Faites chauffer de l'huile d'olive dans une poêle et faites dorer les croquettes. Ne mettez pas le feu trop fort et retournez-les au bout d'environ 3 min. Pour terminer, je vous conseille de déposer un couvercle sur la poêle pour être sûr de la cuisson.

4 Laissez refroidir les croquettes puis déposez-les dans un sachet de congélation jusqu'au jeudi soir.

Préparez la soupe à la tomate

1 Épluchez 1 oignon et 1 gousse d'ail. Émincez-les finement puis faites-les revenir dans de l'huile d'olive dans une cocotte. Au bout de 2 min, saupoudrez de 1 cuil. à soupe de farine et remuez. Ajoutez les tomates pelées en conserve coupées en morceaux, 50 cl d'eau et 1 cube de bouillon. Salez, poivrez et ajoutez des herbes de Provence.

2 Laissez mijoter 10 min. Laissez refroidir et congelez la soupe dans une boîte en plastique avec un couvercle (ou dans 4 petits pots en plastique individuels).

Préparez la soupe de fraises

1 Rincez et équeutez les fraises. Déposez-les avec la banane coupée en morceaux, 1 cuil. à soupe de sirop d'agave et le jus de 1 citron dans un blender. Mixez jusqu'à ce que la soupe de fraises soit bien lisse. Réservez au frais jusqu'au lendemain soir.

Préparez l'ananas rôti

1 Épluchez l'ananas, ôtez la partie centrale dure et coupez-les en petits cubes. Faites fondre 1 noisette de beurre dans une poêle. Lorsque le beurre est fondu, déposez les morceaux d'ananas dans la poêle et faites-les griller à feu vif 2 min en ajoutant 2 cuil. à soupe de sirop d'érable. Laissez refroidir et placez au frais recouvert de papier film.

Autres préparations

1 Nettoyez la salade verte en rinçant chaque feuille sous l'eau. Déposez les feuilles de salade dans un ou plusieurs sachets de congélation avec un morceau de papier absorbant. Conservez la salade nettoyée dans le bac à légumes de votre réfrigérateur pendant plusieurs jours.

2 Faites cuire les coquillettes dans une casserole d'eau bouillante pendant 10 min. Égouttez-les.

3 Laissez-les refroidir et versez-les dans un plat à gratin. Couvrez de film alimentaire et placez au frais.

Résultat Menu #3

À faire chaque soir Menu #3

Lundi

Boulettes de viande
Poêlée de petits pois
Soupe de fraises

Préparation : 10 min
Cuisson : 15 min

Déposez les boulettes de viande dans un plat allant au four et réchauffez-les pendant 15 min à 180 °C (th. 6).
Faites réchauffer la poêlée de petits pois dans une poêle à feu doux.
Servez les boulettes de viande avec les petits pois et la soupe de fraises en dessert.

Mardi

Pizzas-tartines et salade
Yaourt

Préparation : 10 min
Cuisson : 10 min

Préchauffez le four à 200 °C (th. 6-7). Coupez des tranches assez fines dans la boule de pain de campagne. Déposez-les sur une plaque de four recouverte de papier sulfurisé.
Dans un bol, mélangez 20 cl de coulis de tomates avec du sel, du poivre et des herbes séchées.
Coupez 1 boule de mozzarella en petits morceaux.
Étalez du coulis de tomates sur les tranches de pain, déposez du jambon puis des morceaux de mozzarella.
Faites cuire 10 min, jusqu'à ce que la mozzarella soit fondue.
Servez avec une salade et 1 yaourt en dessert.

Mercredi

Gratin de coquillettes
Ananas rôti au sirop d'érable

Préparation : 5 min
Cuisson : 10 min

Coupez 1 tranche de jambon en lamelles. Mettez-les dans le plat de coquillettes et ajoutez 50 g de fromage râpé et 10 cl de crème liquide. Salez, poivrez et faites cuire à 220 °C pendant 10 min.
Faites réchauffer l'ananas rôti dans une poêle quelques minutes.

Jeudi

Croquettes de poulet-pommes de terre et salade
Petits-suisses

TPréparation :
5 min
Cuisson :
15 min

Faites réchauffer au four les croquettes de poulet à la pomme de terre pendant 15 min à 200 °C (th. 6-7). Elles doivent être bien dorées.
Servez les croquettes arrosées de jus de citron avec de la salade verte, puis 2 petits-suisses en dessert.

Vendredi

Soupe à la tomate et pâtes alphabet
Pomme au four feuilletée

Préparation :
10 min
Cuisson :
10 min

Le matin, sortez les pommes feuilletées du congélateur et placez-les au réfrigérateur.
Le soir, faites cuire 50 g de pâtes alphabet dans de l'eau bouillante salée. Versez la soupe à la tomate congelée dans une casserole, et faites chauffer à feu doux pour la faire décongeler doucement. Ajoutez les pâtes alphabet et un peu de fromage râpé dans la soupe bien chaude juste au moment de servir.
Pendant que les enfants dînent, placez les pommes feuilletées au four pour les réchauffer. Servez-les en dessert.

Menu #4

Panier Menu #4

Courses Menu #4

Légumes / Fruits

- 1 chou-fleur
- 1 kg de pommes de terre
- 1 kg de pommes
- 2 betteraves rouges cuites sous vide
- 4 tomates
- 1 mangue
- 2 bananes
- 2 oignons
- 1 citron

Placard de base

- 120 g de pâtes farfalle
- Farine
- Sucre roux
- Poudre d'amandes
- Exrait de vanille liquide
- Miel
- Cubes de bouillon
- Concentré de tomates
- Noix muscade
- Huile d'olive
- Vinaigre Melfor
- Vinaigre balsamique
- Sel, poivre

Viande / Poisson

- 300 g de viande hachée
- 2 barquettes de lardons fumés
- 2 tranches de jambon
- 120 g de filet de poulet

Crèmerie

- Fromage frais
- 1 paquet de fromage râpé
- 20 cl de crème liquide
- Crème fraîche
- 1 l de lait
- Yaourts
- Petits-suisses
- 1 plaquette de beurre

Épicerie

- 2 pâtes feuilletées
- 1 pâte brisée
- 6 œufs extra-frais
- Pain de mie

Congélateur

- 100 g de petits pois surgelés

Menus de la semaine

Lundi

Feuilletés à la viande hachée et salade de betteraves
Compotée de pommes

Mardi

Œuf à la coque et croque-monsieur
Salade mangue-banane

Mercredi

Quiche lorraine et salade de tomates
Yaourt

Jeudi

One pot pasta poulet et petits pois
Petits-suisses

Vendredi

Velouté de chou-fleur au lard
Crumble aux pommes

Préparation Menu #4

Préparez la quiche lorraine

1 Dans un saladier, fouettez 3 œufs, 25 cl de crème liquide et 15 cl lait jusqu'à ce que l'appareil devienne bien lisse. Faites griller 200 g de lardons dans une poêle et ajoutez-les dans le saladier. Assaisonnez et ajoutez le fromage râpé en dernier.

2 Chemisez un moule à tarte avec la pâte brisée et versez la préparation dessus. Faites cuire la quiche 40 min à 180 °C (th. 6). Elle doit être bien dorée.

3 Laissez refroidir, coupez en parts et placez-les au congélateur dans des sacs congélation.

Préparez les feuilletés à la viande hachée

1 Pelez 1 oignon et émincez-le finement. Faites chauffer 1 cuil. à soupe d'huile d'olive dans une poêle et faites revenir l'oignon. Ajoutez la viande hachée. Lorsqu'elle est bien grillée, ajoutez 1 cuil. à soupe de concentré de tomates, salez et poivrez. Laissez refroidir.

2 Préchauffez le four à 210 °C (th.7). Étalez une première pâte feuilletée sur le plan de travail. Découpez 6 disques dans la pâte (à l'aide d'un bol ou d'un verre par exemple). Déposez les disques sur une plaque de four recouverte de papier sulfurisé. Déposez au centre de chaque disque un petit tas de viande hachée.

3 Étalez la seconde pâte feuilletée sur le plan de travail et découpez 6 disques. Recouvrez la viande hachée avec le deuxième disque de pâte feuilletée. Appuyez bien tout autour pour souder les feuilletés. Badigeonnez de jaune d'œuf à l'aide d'un pinceau et faites des petits décors sur chaque feuilleté à l'aide de la pointe d'un couteau.

4 Enfournez 15 min à jusqu'à ce que les feuilletés soient bien dorés. Laissez refroidir et placez au frais.

Préparez le velouté de chou-fleur

1 Rincez le chou-fleur et coupez-le en morceaux, grossièrement. Épluchez 3 petites pommes de terre et coupez-les en cubes. Déposez les légumes dans une casserole avec 50 cl d'eau, 50 cl de lait, de la noix muscade et 1 cube de bouillon.

2 Laissez cuire 25 min jusqu'à ce que les légumes soient tendres. Mixez à l'aide d'un mixeur plongeant jusqu'à ce que le velouté soit bien lisse. Lorsqu'il est froid, versez-le dans des pots en plastique individuels et congelez-les.

Préparez la compotée de pommes

1 Épluchez 4 belles pommes et coupez-les en dés. Déposez-les dans une casserole avec 5 cl d'eau et 2 cuil. à soupe de miel. Laissez cuire à feu doux 15 min.

Préparation Menu #4

2 Laissez refroidir et divisez la quantité en deux. Placez l'une au frais recouverte de film alimentaire. Placez l'autre au congélateur dans une boîte hermétique.

Préparez les fruits pour la salade mangue-banane

Épluchez la mangue et les bananes. Coupez les bananes en rondelles et la mangue en morceaux. Citronnez-les et placez-les dans une boîte hermétique au frais.

Préparez le one pot pasta au poulet et aux petits pois

1 Faites chauffer 1 cuil. à soupe d'huile dans une sauteuse ou une grande poêle. Émincez 1 oignon finement et coupez le poulet en morceaux.

2 Faites griller pendant 2 min le poulet et l'oignon dans l'huile. Remuez. Ajoutez ensuite les farfalle crues, 30 cl d'eau, 1 cube de bouillon, 2 cuil. à soupe de crème, 1 cuil. à soupe de concentré de tomates et 100 g de petits pois surgelés. Faites cuire à feu moyen pendant 15 min, sans couvercle, en remuant de temps en temps.

3 Laissez refroidir et congelez dans 2 boîtes.

Autres préparations

1 Dans un saladier, mélangez 60 g de beurre, 50 g de sucre roux, 100 g de farine et 30 g de poudre d'amandes. Malaxez la pâte du bout des doigts jusqu'à l'obtention d'un genre de sable.

2 Étalez cette préparation sur une plaque de four recouverte de papier cuisson. Enfournez à 180 °C (th. 6) pendant 20 min jusqu'à ce que ce crumble soit bien doré. Laissez refroidir et versez dans une boîte métallique.

Résultat Menu #4

Menu #4

Lundi

Feuilletés à la viande hachée et salade de betteraves
Compotée de pommes

Préparation : 10 min
Cuisson : 10 min

Préchauffez le four à 180 °C (th. 6). Réchauffez les feuilletés à la viande hachée sur une plaque de four recouverte de papier sulfurisé pendant 10 min.
Pendant ce temps, coupez les betteraves en dés et déposez-les dans un bol. Ajoutez 1 cuil. d'huile d'olive, 1 cuil. de vinaigre de Melfor, un peu de sel et du poivre.
Servez les feuilletés avec la salade de betteraves et la compotée de pommes en dessert.

Mardi

Œuf à la coque et croque-monsieur
Salade mangue-banane

Préparation : 10 min
Cuisson : 10 min

Faites cuire 2 œufs dans une casserole d'eau bouillante pendant 6 min. Au bout des 6 min, cassez les œufs dans un bol. Salez, poivrez.
Pendant les 6 min de cuisson des œufs, préparez les croque-monsieur. Étalez du fromage frais sur 4 tranches de pain de mie puis déposez du jambon. Coupez 1 tomate en fines rondelles et déposez 2 rondelles sur un côté du croque-monsieur. Déposez un peu de fromage râpé et refermez avec la tranche de pain de mie. Passez au grille-pain pendant quelques secondes.
Versez les fruits coupés de la salade dans un saladier et ajoutez 1 cuil. à soupe de sucre roux et 1 goutte d'extrait de vanille liquide.

Mercredi

Quiche lorraine et salade de tomates
Yaourt

Préparation : 5 min
Cuisson : 10 min

Le matin, sortez les parts de quiche du congélateur et placez-les au réfrigérateur.
Le soir, faites réchauffer la quiche au four. Pendant ce temps, rincez et coupez en dés 3 tomates. Déposez-les dans un saladier, salez, poivrez et versez 1 cuil. à soupe de vinaigre balsamique et 1 cuil. à soupe d'huile d'olive.
Servez 1 part de quiche avec la salade de tomates, puis 1 yaourt en dessert.

Jeudi

One pot pasta poulet
et petits pois
Petits-suisses

TPréparation :
5 min
Cuisson :
5 min

Le matin, sortez le *one pot pasta* du congélateur et placez-le au réfrigérateur (1 boîte pour 2 enfants, les 2 boîtes autrement).
Le soir, faites-les réchauffer à feu doux dans une casserole cu au micro-ondes.
Proposez 2 petits-suisses en dessert.

Vendredi

Velouté de chou-fleur
au lard
Crumble aux pommes

Préparation :
10 min
Cuisson :
10 min

Le matin, sortez la compotée de pommes du congélateur et placez-la au réfrigérateur.
Le soir, sortez 2 portions de velouté de chou-fleur et faites-les décongeler doucement à feu doux dans une casserole.
Faites griller quelques lardons dans une petite poêle.
Servez le velouté avec quelques lardons grillés.
Pendant que les enfants dînent, répartissez la compotée décongelée dans deux ramequins. Recouvrez du crumble conservé dans la boîte métallique. Enfournez pour quelques minutes pour faire réchauffer le tout et servez.

Été

Menu #1

Courses Menu #1

Courses Menu #1

Légumes / Fruits

- 3 courgettes
- 500 g de pommes de terre
- 500 g de cerises
- 300 g d'abricots
- 1 pomme
- 150 g de tomates cerise
- 300 g de carottes

Placard de base

- Concentré de tomates
- Farine
- Miel
- Sucre en poudre
- Sucre vanillé
- Herbes de Provence
- Huile neutre
- Huile d'olive
- Sel, poivre

Viande / Poisson

- 10 saucisses de Strasbourg (Knacks)
- 1 tranche de jambon

Crèmerie

- 1 boîte de Vache-qui-rit
- 1 pot de 250 g de ricotta
- 1 paquet de parmesan râpé
- 1 brique de crème liquide
- 1 boule de mozzarella
- 8 petits-suisses nature
- 1 l de lait
- 1 plaquette de beurre

Épicerie

- 1 pâte feuilletée
- 4 œufs
- 2 tortillas (galettes de blé)
- 1 petite boîte de champignons émincés

Lundi

Velouté de courgette à la Vache-qui-rit
Crêpes aux cerises

Mardi

Tarte à la courgette et ricotta et tomates cerise
Abricots

Mercredi

Feuilletés à la saucisse et purée de carottes
Compote d'abricots

Jeudi

Clafoutis aux tomates cerise et tartine
Petits-suisses

Vendredi

Pizzas tortillas
Glace au petit-suisse à la cerise

Préparation Menu #1

Préparez le velouté à la Vache-qui-rit

1 Épluchez 2 petites courgettes et 2 pommes de terre. Coupez-les en petits morceaux et faites-les cuire dans un grand volume d'eau bouillante légèrement salée pendant 20 min.

2 Égouttez les légumes et mixez-les avec 2 portions de Vache-qui-rit. Salez et poivrez. Quand le velouté est froid, versez-le dans une boîte en plastique avec un couvercle et conservez au réfrigérateur jusqu'au lendemain.

Préparez la tarte à la courgette et à la ricotta pendant la cuisson du velouté

1 Dans un saladier, mélangez 125 g de farine, 60 g de beurre, 1 cuil. à soupe d'herbes de Provence, du sel et du poivre. Ajoutez si besoin 3 cuil. à soupe d'eau. Malaxez la pâte et formez une boule. Étalez la pâte et chemisez un moule à tarte.

2 Coupez 1 courgette en rondelles à l'aide d'une mandoline. Faites chauffer 1 cuil. à soupe d'huile d'olive dans une poêle et faites revenir les rondelles de courgette pendant quelques minutes, jusqu'à ce qu'elles soient tendres et légèrement dorées. Préchauffez le four à 180 °C (th. 6).

3 Dans un bol, mélangez 150 g de ricotta avec du sel et du poivre. Étalez cette préparation sur le fond de la pâte puis disposez les rondelles de courgette par-dessus. Salez, poivrez et saupoudrez d'herbes de Provence et de 50 g de parmesan râpé.

4 Enfournez 35 min jusqu'à ce qu'elle soit bien dorée. Laissez bien refroidir, coupez en parts et conservez au frais bien recouvert de film alimentaire.

Préparez les crêpes aux cerises

1 Dénoyautez les cerises. Déposez 150 g de cerises dans un sachet de congélation pour la glace au petit-suisse que vous congelez. Réservez le reste.

2 Dans un saladier, versez 300 g de farine. Creusez un puits et ajoutez 3 œufs entiers. Mélangez délicatement la pâte à l'aide d'une spatule. Ajoutez 50 g de sucre en poudre puis versez 50 cl de lait petit à petit en fouettant. La pâte doit être bien lisse et sans grumeaux. Ajoutez les cerises dénoyautées réservées.

3 Faites chauffer un peu d'huile dans une poêle ou une crêpière et versez une bonne louche de pâte dans la poêle. Laissez cuire pendant quelques minutes à feu moyen et retournez les crêpes lorsqu'elles sont dorées. Déposez-les sur une assiette et laissez refroidir. Filmez et placez au frais.

Préparation Menu #1

Préparez les saucisses feuilletées

1 Plongez les saucisses quelques minutes dans de l'eau bouillante pour les cuire. Déposez-les sur une assiette. Préchauffez le four à 180 °C (th. 6).

2 Déroulez la pâte feuilletée sur le plan de travail et découpez des lamelles. Enroulez une lamelle ou deux de pâte feuilletée autour de chaque saucisse, puis déposez-les sur une plaque de four recouverte de papier sulfurisé.

3 Faites cuire les saucisses feuilletées 25 min jusqu'à ce que la pâte feuilletée soit bien dorée. Lorsque les saucisses sont froides, déposez-les dans une boîte en plastique avec un couvercle et congelez-les jusqu'au jour J.

Préparez la compote d'abricots

1 Rincez 7 abricots sous l'eau froide. Épluchez la pomme et coupez-la en cubes. Coupez les abricots en petits morceaux. Déposez les morceaux de fruits dans une petite casserole avec 2 cuil. à soupe d'eau.

2 Faites cuire à feu doux avec un couvercle pendant 15 min, en remuant de temps en temps, jusqu'à ce que les fruits soient cuits. Mixez les fruits en ajoutant 2 cuil. à café de sucre vanillé.

3 Versez la compote dans 2 petits pots en plastique avec un couvercle et conservez-la au frais.

Préparez la purée de carottes

1 Faites bouillir de l'eau dans une grande casserole. Épluchez 5 pommes de terre et 5 carottes. Râpez les carottes à l'aide d'une râpe à gros trous et coupez les pommes de terre en dés. Faites cuire les légumes dans la casserole d'eau bouillante pendant 15 à 20 min, jusqu'à ce que les pommes de terre soient tendres.

2 Égouttez à l'aide d'un chinois (pas une passoire classique pour éviter que les carottes râpées ne s'échappent) et reversez dans la casserole. Écrasez les légumes à l'aide d'un presse-purée, ajoutez 10 cl de lait, 10 g de beurre, du sel et du poivre. Laissez bien refroidir, versez dans une boîte en plastique et congelez.

Résultat Menu #1

À faire chaque soir Menu #1

Lundi

Velouté de courgette à la Vache-qui-rit
Crêpes aux cerises

Préparation :
5 min
Cuisson :
5 min

Faites réchauffer la soupe à feu doux dans une petite casserole.
Faites réchauffer quelques secondes 2 crêpes aux cerises au micro-ondes. Saupoudrez-les de sucre et servez-les en dessert.
Note : la pâte à crêpes est une recette pour 4 personnes, mais elle se conserve bien au frais, alors pensez à servir le reste au petit déjeuner du lendemain matin.

Mardi

Tarte à la courgette et ricotta et tomates cerise
Abricots

Préparation :
5 min
Cuisson :
10 min

Faites réchauffer la tarte à la courgette au four. Servez-la avec des tomates cerise puis des abricots en dessert.

Mercredi

Feuilletés à la saucisse et purée de carottes
Compote d'abricots

Préparation :
5 min
Cuisson :
15 min

Placez la purée surgelée dans une casserole et faites-la réchauffer à feu doux.
Pendant ce temps, réchauffez les saucisses feuilletées au four pendant 15 min à 180 °C (th. 6).
Servez les saucisses avec de la purée de carottes et de la compote d'abricots en dessert.

Jeudi

Clafoutis aux tomates cerise et tartine
Petits-suisses

Préparation : 10 min
Cuisson : 15 min

Beurrez 2 ramequins. Dans un saladier, fouettez 1 œuf avec 10 cl de crème liquide. Ajoutez 30 g de parmesan, du sel et du poivre. Préchauffez le four à 180 °C (th. 6). Rincez 12 tomates cerise et répartissez-les dans les ramequins. Versez la pâte dessus et enfournez pour 15 min.
Servez les clafoutis avec une tartine et des petits-suisses en dessert.

Vendredi

Pizzas tortillas
Glace au petit-suisse à la cerise

Préparation : 10 min
Cuisson : 15 min

Préchauffez le four à 180 °C (th. 6). Sur une plaque de four recouverte de papier sulfurisé, déposez 2 tortillas (galettes de blé). Tartinez-les de concentré de tomates, salez, poivrez et saupoudrez d'herbes de Provence. Déposez du jambon et de la mozzarella en dés, et des champignons émincés. Saupoudrez de parmesan râpé et enfournez 10 min. Pendant la cuisson, placez les 150 g de cerises congelées avec 4 petits-suisses et 1 cuil. à soupe de miel dans un mixeur. Mixez par à-coups jusqu'à l'obtention d'une crème glacée. Conservez au congélateur jusqu'au moment du dessert.

Menu #2

Courses Menu #2

Courses Menu #2

Légumes / Fruits

- 4 courgettes assez petites
- 2 poivrons rouges
- 500 g de cerises
- 1 bouquet de menthe
- 1 bouquet de basilic
- 300 g d'abricots
- 1 demi-pastèque
- 2 tomates
- 1 oignon
- Salade verte

Placard de base

- Riz
- Concentré de tomates
- Farine
- Sucre en poudre
- Levure chimique
- Herbes de Provence
- Ail semoule
- Moutarde
- Huile d'olive
- Vinaigre balsamique
- Sel, poivre

Viande / Poisson

- 125 g de lardons fumés
- 2 escalopes de dinde très fines
- 2 tranches de jambon
- 1 filet mignon
- 1 paquet de 8 tranches de bacon

Crèmerie

- Fromage à tartiner ail et fines herbes
- 20 cl de crème liquide
- 1 petit pot de fromage blanc
- 200 g de reblochon
- 1 boule de mozzarella
- 1 l de lait
- Yaourts
- 1 plaquette de beurre

Épicerie

- 12 œufs
- 1 paquet de flocons d'avoine
- 1 pâte feuilletée
- 20 cl de coulis de tomates

Lundi

Galettes d'avoine
à la courgette et sauce
tomate
Clafoutis aux cerises

Mardi

Roulés cordons-bleus
et riz
Muffin aux abricots

Mercredi

Cake salé poivrons-
lardons, fromage
et salade tomate-
pastèque
Fromage blanc
aux abricots

Jeudi

Filet mignon en croûte
et salade verte
Pastèque

Vendredi

Pizza-courgette
Yaourt

Préparation Menu #2

Préparez le cake salé poivrons-lardons

1 Coupez les poivrons en petits dés et faites-les revenir avec les lardons dans un peu d'huile d'olive pendant 15 min environ. Préchauffez le four à 170 °C (th. 5-6).

2 Dans un saladier, fouettez 3 œufs, 4 cuil. à soupe d'huile d'olive et 5 cuil. à soupe de lait. Ajoutez 150 g de farine et 1 sachet de levure chimique. Salez, poivrez et ajoutez des herbes de Provence.

3 Ajoutez le mélange poivrons-lardons à la pâte et versez le tout dans un moule à cake beurré et fariné. Enfournez 35 min. Le cake doit être bien doré. Pour vérifier la cuisson, plantez la lame d'un couteau dans la pâte, elle doit ressortir sèche.

4 Démoulez le cake et laissez-le refroidir sur une grille avant de l'emballer dans du papier d'aluminium et de le congeler.

Préparez les galettes d'avoine à la courgette pendant la cuisson du cake

1 Rincez 1 petite courgette et râpez-la avec les gros trous de la râpe. Versez 150 g de flocons d'avoine, ajoutez 3 œufs et mélangez bien. Ajoutez la courgette râpée, mélangez en assaisonnant et ajoutez 10 feuilles de menthe ciselées.

2 Faites chauffer 2 cuil. à soupe d'huile d'olive dans une poêle. Déposez des petits tas de pâte dans la poêle bien chaude et laissez cuire les

galettes environ 3 min de chaque côté, jusqu'à ce qu'elles soient bien dorées. Déposez les galettes au fur et à mesure sur une assiette.

3 Couvrez de film alimentaire et placez au frais.

Préparez le clafoutis aux cerises pendant la fin de cuisson du cake et enfournez-le dans le four encore chaud

1 Préchauffez le four à 200 °C (th. 6-7). Rincez les cerises sous l'eau froide et équeutez-les.

2 Dans un saladier, fouettez 3 œufs entiers avec 100 g de sucre. Ajoutez 130 g de farine, puis 50 cl de lait petit à petit. Fouettez la préparation jusqu'à ce qu'elle soit bien lisse.

3 Beurrez un moule à gratin et saupoudrez de sucre en poudre. Déposez les cerises (avec le noyau) dans le plat. Versez la pâte sur les fruits.

4 Enfournez 40 min, jusqu'à ce que le clafoutis soit bien doré. Conservez-le au frais recouvert de film alimentaire jusqu'au lendemain.

Préparez les muffins aux abricots

1 Faites fondre 60 g de beurre. Dans un saladier ou dans le bol de votre robot, cassez 2 œufs et ajoutez 60 g de sucre. Remuez puis versez le beurre fondu. Ajoutez 110 g de farine et 1 cuil. à café de levure chimique. Fouettez la pâte jusqu'à ce qu'elle devienne bien lisse et ajoutez 5 cl de lait pour l'assouplir un peu.

Préparation Menu #2

2 Dénoyautez 8 abricots et coupez-les en six. Ajoutez-les à la pâte. Répartissez la pâte dans 6 caissettes à muffins. Enfournez 15 à 18 min jusqu'à ce qu'ils soient bien gonflés et bien dorés.

3 Laissez refroidir et conservez dans une boîte métallique.

Préparez les cordons-bleus

1 Déposez 1 escalope de dinde sur une planche. Recouvrez de 1 demi-tranche de jambon puis tartinez de fromage ail et fines herbes. Poivrez.

2 Roulez l'escalope sur elle-même, assez serrée puis réservez. Faites la même chose avec l'autre escalope. Par sûreté, piquez chaque extrémité des roulés avec un cure-dent.

3 Faites chauffer 1 cuil. d'huile d'olive dans une poêle, et déposez vos roulés. Faites-les griller à feu vif sur toutes les faces, puis baissez le feu. Mettez un couvercle sur la poêle pour que la cuisson soit bien homogène et laissez cuire 15 min à feu doux. Pendant ce temps, faites cuire 100 g de riz.

4 Placez les roulés refroidis dans une boîte hermétique et placez au frais. Conservez le riz refroidi dans une autre boîte.

Préparez le filet mignon en croûte

1 Faites revenir le filet mignon dans 1 cuil. à soupe d'huile d'olive. Laissez-le dorer sur toutes les faces, pendant 5 min à feu vif. Déposez-le sur une assiette. Dans la même poêle, faites revenir l'oignon émincé.

2 Déroulez la pâte feuilletée sur le plan de travail. Déposez les oignons sur la pâte et posez le filet mignon par-dessus. Badigeonnez-le de moutarde. Recouvrez le filet de 6 tranches de bacon (conservez les 2 autres tranches dans du film alimentaire pour le lendemain) et posez le reblochon coupé grossièrement. Refermez la pâte feuilletée en appuyant bien sur les bords pour souder. Badigeonnez le filet mignon de jaune d'œuf à l'aide d'un pinceau.

3 Enfournez 35 min à 200 °C (th. 6-7), jusqu'à ce qu'il soit bien doré. Laissez refroidir, emballez dans du papier d'aluminium et placez-le au congélateur.

Autres préparations

1 Nettoyez la salade verte en rinçant chaque feuille sous l'eau. Déposez les feuilles de salade dans un ou plusieurs sachets de congélation avec un morceau de papier absorbant. Conservez la salade nettoyée dans le bac à légumes de votre réfrigérateur pendant plusieurs jours.

Résultat Menu #2

À faire chaque soir Menu #2

Lundi

Galettes d'avoine à la courgette et sauce tomate
Clafoutis aux cerises

Préparation : 5 min
Cuisson : 5 min

Faites réchauffer les galettes d'avoine à la courgette à feu doux dans une poêle. Servez avec du coulis de tomates agrémenté de sel, de poivre et d'herbes de Provence.
Servez le clafoutis aux cerises en dessert.

Mardi

Roulés cordons-bleus et riz
Muffin aux abricots

Préparation : 5 min
Cuisson : 10 min

Dans un bol, mélangez 4 cuil. à soupe de crème liquide, de l'ail semoule, du sel et du poivre puis versez sur les roulés. Faites réchauffer le tout au micro-ondes ou dans une casserole à feu doux. Faites réchauffer le riz.
Servez 1 muffin en dessert.

Mercredi

Cake salé poivrons-lardons, fromage et salade tomate-pastèque
Fromage blanc aux abricots

Préparation : 10 min
Cuisson : 5 min

Le matin, sortez le cake poivrons-lardons du congélateur et placez-le au réfrigérateur.
Le soir, réchauffez-le quelques minutes au four.
Pendant ce temps, coupez la demi-pastèque en dés. Coupez 2 tomates en dés. Déposez des dés de pastèque et les tomates dans un saladier (conservez le reste de la pastèque dans une boîte hermétique pour le lendemain). Versez 1 cuil. d'huile d'olive et 1 cuil. de vinaigre balsamique dessus.
Servez le cake salé avec de la salade tomate-pastèque.
Pour le dessert, coupez des abricots en dés et déposez-les dans le fromage blanc légèrement sucré.

Jeudi

Filet mignon en croûte et salade verte
Pastèque

Préparation :
5 min
Cuisson :
15 min

Le matin, sortez le filet mignon du congélateur et placez-le au réfrigérateur.
Le soir, enfournez le filet mignon 15 min à 180 °C (th. 6) jusqu'à ce qu'il soit chaud. Servez-le avec de la salade verte.
Servez le reste de la pastèque en dessert.

Vendredi

Pizza-courgette
Yaourt

Préparation :
15 min
Cuisson :
15 min

Préchauffez le four à 180 °C (th. 6). Rincez 3 courgettes sous un filet d'eau froide. Coupez-les en tranches de 0,5 cm d'épaisseur et déposez-les sur une plaque de four recouverte de papier sulfurisé.
Badigeonnez les lamelles de courgettes de concentré de tomates, puis déposez les deux dernières tranches de bacon émincées finement et la mozzarella coupée en petits morceaux. Versez un filet d'huile, salez, poivrez et déposez quelques feuilles de basilic ciselé par-dessus.
Enfournez 15 min à 180 °C (th. 6), jusqu'à ce que la mozzarella soit fondue. Servez les pizzas-courgettes bien chaudes avec 1 yaourt en dessert.

Menu #3

Courses Menu #3

Courses Menu #3

Légumes / Fruits

- 600 g de pommes de terre
- 2 pommes
- 300 g de mirabelles
- 1 batavia
- 200 g de myrtilles
- 200 g de framboises
- 250 g de fraises
- 1 courgette
- 2 tomates
- 1 gousse d'ail
- Basilic frais
- 1 patate douce
- 400 g de tomates cerise

Placard de base

- 300 g de coquillettes
- 125 g de polenta
- 1 cube de bouillon de légumes
- Cannelle
- Sucre roux
- Miel ou sirop d'agave
- Noix muscade
- Herbes séchées
- Huile d'olive
- Vinaigre balsamique
- Sel, poivre

Viande / Poisson

- 200 g de thon au naturel
- 2 tranches de jambon
- 2 steaks hachés

Crèmerie

- 1 paquet de fromage râpé
- 50 cl de lait
- 1 pot de 250 g de fromage blanc
- 1 sachet de parmesan râpé
- 1 boîte de fromage frais
- 6 petits-suisses nature

Épicerie

- 4 œufs

Lundi

Parmentier froid au thon et salade verte
Compote de mirabelles

Mardi

Œuf-nuage et coquillettes
Salade de fruits rouges

Mercredi

Soupe courgette, batavia, tomates
Muffins aux coquillettes
Fromage blanc aux mirabelles

Jeudi

Steak haché et frites de patates douces
Yaourt glacé aux fruits rouges

Vendredi

Tarte à la polenta et tomates cerises
Petit-suisse

Préparation Menu #3

Préparation du parmentier froid au thon

1 Faites cuire 500 g de pommes de terre entières avec leur peau dans une cocotte d'eau bouillante pendant 25 à 30 min. Quand elles sont cuites, laissez-les refroidir et déposez-les dans un saladier avec un film alimentaire jusqu'au lendemain au réfrigérateur.

Préparez la compote de mirabelles

1 Épluchez les pommes et coupez-les en cubes. Dénoyautez les mirabelles en en conservant environ 50 g entières au réfrigérateur.

2 Déposez les fruits dans une casserole avec 5 cl d'eau et 1 pincée de cannelle. Faites cuire à feu doux avec un couvercle 20 min environ, jusqu'à ce que les fruits soient cuits. Mixez ensuite la compote dans un blender ou à l'aide d'un mixeur plongeant, pour qu'elle soit bien lisse. Versez-la dans un plat, laissez-la refroidir et filmez-la jusqu'au lendemain.

Autres préparations

1 Nettoyez la batavia, coupez les feuilles en deux et déposez-les dans un sachet de congélation avec une feuille de papier absorbant à l'intérieur. La salade se conserve plusieurs jours au réfrigérateur de cette manière.

2 Lavez les myrtilles et les framboises sous un filet d'eau froide. Égouttez-les bien à l'aide d'un chinois puis déposez-les sur un papier absorbant. Congelez ensuite la moitié des fruits dans un sachet de congélation pour le yaourt glacé aux fruits rouges du jeudi soir. Placez le reste des fruits dans un saladier avec les fraises équeutées. Recouvrez de film alimentaire et mettez au frais.

3 Faites cuire 300 g de coquillettes dans une casserole d'eau bouillante salée 10 min. Égouttez-les, laissez-les refroidir et placez-en 100 g environ au frais dans un saladier recouvert de film alimentaire.

Préparez les muffins aux coquillettes

1 Préchauffez le four à 200 °C (th. 6-7). Dans un saladier, fouettez 2 œufs et 75 ml de lait. Ajoutez du sel, du poivre, de la noix muscade, 1 tranche de jambon coupée en petits morceaux et 30 g de fromage râpé. Ajoutez ensuite les 200 g de coquillettes cuites et froides. Mélangez le tout.

2 Répartissez la préparation dans des empreintes à muffins en métal, beurrés et farinés (évitez les caissettes en papier, car les muffins se démouleront mal). Enfournez 20 min jusqu'à ce que les muffins soient cuits. Laissez refroidir et conservez dans une boîte hermétique au frais.

Préparation Menu #3

Préparez la soupe courgette, batavia et tomates

1 Épluchez la courgette et 2 pommes de terre. Émincez finement 6 feuilles de batavia. Faites bouillir de l'eau dans une casserole et versez-y tous les légumes et 2 tomates. Faites cuire pendant 20 min environ jusqu'à ce que les légumes soient tendres. Mixez ensuite les légumes avec deux louches de bouillon de cuisson.

2 Laissez refroidir la soupe et congelez-la dans des pots en plastique individuels avec couvercle.

Préparez les tartelettes à la polenta

1 Étalez du film alimentaire dans le fond de 4 moules à tartelette. Faites bouillir 50 cl d'eau dans une casserole avec 1 cube de bouillon de légumes. Versez 125 g de polenta en pluie, arrêtez la cuisson et remuez pendant 2 min. Ajoutez le parmesan râpé puis le poivre.

2 Avant que la polenta durcisse en refroidissant, étalez-la dans les moules à tartelettes en appuyant avec vos doigts. Passez vos doigts sous l'eau froide, pour éviter que la polenta ne colle et vous brûle. Faites refroidir la polenta au réfrigérateur et congelez les tartelettes.

Résultat Menu #3

Menu #3

Lundi

Parmentier froid au thon et salade verte
Compote de mirabelles

Préparation :
10 min

Ciselez 10 feuilles de basilic et émincez 1 gousse d'ail. Épluchez les pommes de terre cuites que vous avez placées au réfrigérateur. Écrasez-les à la fourchette avec l'ail et le basilic dans un saladier. Ajoutez de l'huile d'olive pour bien lier la purée. Égouttez le thon, ajoutez-le dans le saladier et mélangez bien le tout. Répartissez dans un plat et lissez le dessus.
Servez avec de la batavia et de la compote de mirabelles en dessert.

Mardi

Œuf-nuage et coquillettes
Salade de fruits rouges

Préparation :
15 min
Cuisson :
15 min

Préchauffez le four à 220 °C (th.7-8). Cassez 2 œufs et séparez les blancs des jaunes. Déposez chaque jaune dans un petit ramequin à part. Montez les blancs d'œufs en neige avec une pincée de sel. Quand ils sont fermes, ajoutez 1 tranche de jambon coupée en morceaux, 50 g de fromage râpé et des herbes séchées. Remuez délicatement à l'aide d'une spatule souple en silicone. Déposez 2 petits tas sur une plaque de four recouverte de papier sulfurisé. Lissez bien à l'aide d'une cuillère. Formez un creux dans chaque petit dôme.
Enfournez 6 à 7 min jusqu'à ce que le blanc d'œuf commence à dorer légèrement. Sortez la plaque du four et déposez délicatement le jaune d'œuf cru au centre du dôme. Salez et poivrez le jaune. Enfournez à nouveau 3 à 4 min.
Faites réchauffer des coquillettes et servez-les avec les œufs nuages et un peu de batavia.
Sortez les fruits rouges du réfrigérateur, ajoutez 1 cuil. à soupe de sucre roux et servez-les en dessert.

Mercredi

Soupe courgette, batavia, tomates
Muffins aux coquillettes
Fromage blanc aux mirabelles

Préparation :
5 min
Cuisson :
10 min

Réchauffez les muffins aux coquillettes au four.
Faites réchauffer la soupe congelée dans une casserole à feu doux. Servez la soupe avec les muffins.
Pour le dessert, sucrez 1 petit fromage blanc et servez-le avec les mirabelles restantes.

Jeudi

Steak haché et frites de patates douces
Yaourt glacé aux fruits rouges

Préparation :
10 min
Cuisson :
20 min

Préchauffez le four à 180 °C (th. 6).
Épluchez la patate douce et coupez-la en bâtonnets, comme des frites. Déposez les frites sur une plaque de four recouverte de papier sulfurisé.
Badigeonnez les frites d'huile d'olive à l'aide d'un pinceau, salez et poivrez. Enfournez 15 à 20 min jusqu'à ce qu'elles soient légèrement dorées.
Pendant la cuisson des frites, faites griller les steaks hachés.
Pour le dessert, placez les fruits rouges congelés, 150 g de fromage blanc et 3 cuil. à soupe de miel ou de sirop d'agave dans un mixeur. Mixez par à-coups jusqu'à obtenir une préparation lisse.

Vendredi

Tarte à la polenta et tomates cerise
Petits-suisses

Préparation :
10 min
Cuisson :
15 min

Sortez les tartelettes de polenta congelées et déposez-les sur une plaque de four recouverte de papier sulfurisé. Faites griller les tomates cerise dans 1 cuil. à soupe d'huile d'olive dans une poêle à feu assez vif. Remuez en secouant la poêle puis versez 1 cuil. à soupe de vinaigre balsamique. Laissez le vinaigre s'évaporer et stoppez la cuisson.
Préchauffez le four à 190 °C (th.6-7). Étalez 1 cuil. à café de fromage frais dans le fonds de chaque tartelette et répartissez les tomates cerise dessus. Enfournez 15 min.
Servez les tartelettes de polenta tièdes, avec des petits-suisses en dessert.

Menu #4

Courses Menu #4

Courses Menu #4

Légumes / Fruits

- 1 salade verte
- 2 avocats
- 2 citrons
- 1 gousse d'ail
- 1 échalote
- 1 oignon
- 2 carottes
- 1 bouquet de ciboulette
- 1 petit bouquet de basilic
- 6 pommes
- 60 g de cerises
- 9 nectarines
- 4 belles tomates
- 2 courgettes
- 200 g de mûres
- 100 g de tomates cerise

Placard de base

- Farfalle
- Amandes effilées ou amandes concassées
- Farine
- Poudre d'amandes
- Sucre en poudre
- Chapelure
- Moutarde
- Huile d'olive
- Sel, poivre

Viande / Poisson

- 300 d'aiguillettes de poulet
- 1 boîte de chair de crabe émiettée (150 g)
- 150 g de thon en boîte

Crèmerie

- 1 petit pot de fromage blanc
- 1 brique de crème liquide
- 50 cl de lait
- 1 plaquette de beurre

Épicerie

- 1 sachet d'épices à guacamole
- 14 œufs
- 4 tortillas (galettes de blé)
- 1 petite boîte de maïs en conserve
- 1 boîte de coulis de tomates
- 1 paquet de 120 g de noix de coco râpée
- 1 boîte de lait concentré sucré (397 g)

Lundi

Wraps poulet-avocat et salade verte
Nectarines rôties au four et amandes

Mardi

Tomates farcies froides et salade
Compote pommes-cerises

Mercredi

Clafoutis de courgettes et sauce tomate
Reste de compote pomme-cerise ou de nectarines rôties

Jeudi

Omelette herbes-tomates cerise et pâtes
Crumble aux mûres

Vendredi

Crab cakes et salade
Flan à la noix de coco

Préparation Menu #4

Préparez le clafoutis de courgettes

1 Coupez les courgettes en dés. Pelez et émincez l'oignon, puis la gousse d'ail. Faites revenir l'oignon et les dés de courgettes dans 1 cuil. à soupe d'huile d'olive. Remuez et laissez mijoter 5 min à feu doux. Ajoutez l'ail et assaisonnez.

2 Dans un saladier, fouettez 4 œufs entiers avec 15 cl de crème liquide et 15 cl de lait. Ajoutez 1 cuil. à soupe de farine et remuez jusqu'à ce que la pâte soit bien lisse. Ajoutez 2 cuil. à soupe de basilic ciselé. Préchauffez le four à 180 °C (th. 6).

3 Ajoutez les courgettes dans le saladier. Versez la préparation dans un plat à gratin préalablement beurré. Enfournez 40 min, jusqu'à ce que le clafoutis soit bien doré.

Préparations diverses

1 Nettoyez la salade verte et déposez les feuilles bien rincées dans un sachet de congélation avec une feuille de papier absorbant. La salade se conserve 5 jours au réfrigérateur dans le bac à légumes de cette manière.

2 Faites cuire les aiguillettes de poulet dans 1 cuill. d'huile d'olive. Réservez le tout bien emballé dans du film alimentaire jusqu'au lendemain au réfrigérateur.

3 Épluchez les carottes et râpez-les. Déposez-les dans un bol et couvrez-le de film alimentaire. Conservez au frais.

4 Épluchez les avocats et écrasez-les à l'aide d'une fourchette dans une assiette creuse. Émincez finement l'échalote. Pressez 1 citron, salez, poivrez, ajoutez les épices à guacamole. Filmez le guacamole au contact (il ne doit pas y avoir d'espace entre le film et le guacamole) et conservez-le au frais jusqu'au lendemain.

5 Faites cuire 100 g de farfalle dans une casserole d'eau bouillante salée. Laissez bien refroidir et placez au frais dans une boîte hermétique.

Préparez les éléments du crumble aux mûres

1 Dans un saladier, mélangez 80 g de sucre, 130 g de farine et 20 g de poudre d'amandes. Coupez 80 g de beurre en morceaux et ajoutez-les dans le saladier. Pétrissez la pâte avec le bout des doigts jusqu'à l'obtention d'un genre de sable. Étalez cette préparation sur une plaque de four recouverte de papier cuisson. Enfournez à 180 °C (th. 6) jusqu'à ce que le crumble soit bien doré. Laissez refroidir et placez dans un récipient hermétique.

2 Épluchez 2 pommes et coupez-les en tout petits dés. Rincez les mûres. Déposez les fruits dans une casserole et faites-les cuire jusqu'à

Préparation Menu #4

ce qu'ils soient bien tendres. Laissez refroidir et congelez-les dans une boîte hermétique.

Préparez les crab cakes

1 Égouttez la chair de crabe et disposez-la dans un saladier. Ajoutez 1 œuf battu, 4 cuil. à soupe de chapelure, 1 cuil. à café de jus de citron et 1 cuil. à soupe de ciboulette ciselée. Mélangez.

2 Façonnez des boulettes entre vos mains et passez-les dans 1 cuil. à soupe de chapelure. Appuyez légèrement sur les boulettes pour former des petits palets.

3 Faites chauffer 2 cuil. à soupe d'huile d'olive dans une poêle et faites dorer les palets pendant 2 à 3 min de chaque côté, jusqu'à ce qu'ils soient bien dorés. Laissez-les refroidir avant de les déposer dans un sachet de congélation et de les congeler.

Préparez la compote pommes-cerises

1 Dénoyautez les cerises. Épluchez 4 pommes, ôtez les trognons et coupez-les en morceaux. Déposez les morceaux de pommes dans une casserole avec les cerises dénoyautées, 5 cl d'eau et 15 g de sucre.

2 Mettez un couvercle sur la casserole et faites cuire la compote à feu doux 25 min, en remuant de temps en temps.

3 Lorsque la compote est cuite, mixez-la finement à l'aide d'un blender ou d'un mixeur plongeant jusqu'à ce qu'elle soit bien lisse (et toute rose). Conservez-la au frais dans un saladier recouvert de film alimentaire.

Préparez les nectarines rôties au four

1 Rincez les nectarines sous un filet d'eau froide. Coupez-les en deux et ôtez les noyaux. Déposez les demi-nectarines dans un plat allant au four. Préchauffez le four à 180 °C (th. 6).

2 Dans un saladier, mélangez 50 g de beurre mou et 50 g de sucre en poudre jusqu'à l'obtention d'un mélange crémeux. Ajoutez 1 œuf et 100 g de poudre d'amandes. Mélangez la préparation jusqu'à ce qu'elle soit bien homogène.

3 Répartissez la crème d'amande au centre des nectarines et saupoudrez-les d'amandes concassées ou effilées. Enfournez 25 min jusqu'à ce que la crème d'amande soit bien dorée. Laissez refroidir et placez au frais recouvert de film alimentaire.

Résultat Menu #4

À faire chaque soir Menu #4

Lundi

**Wraps poulet-avocat et salade verte
Nectarines rôties au four et amandes**

Préparation :
10 min

Coupez les aiguillettes de poulet cuites en morceaux. Sortez les carottes râpées et le guacamole du réfrigérateur. Étalez du guacamole sur les tortillas, déposez quelques morceaux de poulet et des carottes râpées. Pliez les bords, puis le bas et roulez les wraps. Coupez-les en deux. Servez les wraps avec de la salade verte.
Pendant que les enfants dînent, faites réchauffer les nectarines rôties au four quelques minutes.

Mardi

**Tomates farcies froides et salade
Compote pommes-cerises**

Préparation :
10 min

Rincez les tomates, ôtez leur chapeau et videz-les à l'aide d'une petite cuillère. Dans un bol, mélangez le thon égoutté, 2 cuil. à soupe de moutarde, 100 g de fromage blanc et le maïs égoutté. Salez, poivrez et ajoutez un peu de ciboulette ciselée. Répartissez le mélange dans les tomates en tassant avec le dos d'une petite cuillère. Refermez avec le chapeau de la tomate et servez avec de la salade verte.
En dessert, proposez de la compote pommes-cerises.

Mercredi

**Clafoutis de courgettes et sauce tomate
Reste de compote pommes-cerises ou de nectarines rôties**

Préparation :
5 min
Cuisson :
10 min

Faites réchauffer le clafoutis aux courgettes au four 15 min et accompagnez-le de coulis de tomates.
Pour le dessert, servez le reste de compote pomme-cerise ou des nectarines rôties, elles sont délicieuses froides le lendemain également.

Jeudi

Omelette herbes-tomates cerise et pâtes
Crumble aux mûres

Préparation :
10 min
Cuisson :
10 min

Le matin, sortez les fruits cuits (pommes et mûres) du congélateur et placez-les au réfrigérateur.
Le soir, faites réchauffer les pâtes conservées au réfrigérateur.
Pendant ce temps, préparez l'omelette. Rincez les tomates cerise et coupez-les en deux. Ciselez 1 poignée de basilic et de ciboulette. Faites chauffer 1 cuil. à soupe d'huile dans une poêle et faites cuire les tomates 3 min. Saupoudrez d'herbes ciselées. Fouettez 4 œufs dans un saladier, salez et poivrez. Versez sur les tomates et faites cuire jusqu'à ce que les œufs commencent à prendre. Retirez la poêle du feu et, à l'aide d'une spatule, relevez un côté de l'omelette pour la plier en deux. Faites-la glisser sur une assiette. Servez avec les pâtes.
Pendant que les enfants dînent, versez les fruits cuits dans des ramequins et ajoutez du crumble dessus. Faites réchauffer quelques minutes au four.

Vendredi

***Crab cakes* + salade**
Flan à la noix de coco

Préparation :
10 min
Cuisson :
35 min

Préchauffez le four à 200 °C (th. 6-7).
Fouettez 4 œufs entiers avec 120 g de noix de coco râpée. Ajoutez le lait concentré sucré et 15 cl de lait. Versez la préparation dans 4 ramequins ou dans un moule à manqué. Déposez les ramequins dans un plat et remplissez le plat d'eau bouillante. Enfournez 35 min.
Pendant ce temps, faites chauffer dans la poêle légèrement huilée les *crab cakes* congelés. Laissez-les cuire pendant quelques minutes dans la poêle à feu moyen.
Accompagnez les *crab cakes* de salade verte et servez du flan à la noix de coco en dessert.

Automne

Menu #1

Panier Menu #1

Courses Menu #1

Légumes / Fruits

- 1 kg de pommes de terre
- 4 pommes
- 2 coings
- 1 brocoli
- 1 potimarron de 1 kg
- 3 blancs de poireaux
- 2 belles carottes
- 1 navet
- 2 échalotes
- 2 bananes

Viande / Poisson

- 4 tranches de jambon
- 2 escalopes de porc
- 1 saucisse de Morteau

Crèmerie

- Crème fraîche
- 100 g de fromage râpé
- 25 cl de lait
- 1 paquet de parmesan râpé
- Yaourts
- 50 g de parmesan
- 1 plaquette de beurre

Placard de base

- Blé
- Coquillettes
- Miel
- Chapelure
- Cannelle
- Épices à pain d'épice
- Pépites de chocolat
- Vermicelles en chocolat
- Noix muscade
- Farine
- Levure chimique
- Sucre
- Sucre roux
- Laurier
- 1 cube de bouillon
- Huile d'olive
- Vin blanc
- Sel, poivre

Épicerie

- 4 œufs
- 1 boîte de 500 g de pois cassés
- 1 tablette de chocolat à pâtisser
- 1 paquet de 100 g de pépites de chocolat
- 1 pot de vermicelles au chocolat

Lundi

Hachis Parmentier au jambon
Compote pommes-coings

Mardi

Poêlée aux légumes d'hiver et blé
Fluffy pancakes

Mercredi

Nuggets porc-parmesan et purée de légumes
Yaourt

Jeudi

Soupe de pois cassés
Cookies au potimarron

Vendredi

Risotto de coquillettes au potimarron
Banane

Préparation Menu #1

Préparez la soupe de pois cassés

1 Dans une grande cocotte, faites cuire 150 g de pois cassés dans l'eau pendant 10 min avec 1 feuille de laurier. Si de la mousse apparaît, écumez.

2 Épluchez 50 g de poireaux, 2 carottes, 2 pommes de terre et 1 navet. Coupez-les en morceaux, grossièrement. Ajoutez tous les légumes dans la cocotte ainsi que la saucisse de Morteau et laissez cuire 40 min avec un couvercle. Retirez la saucisse et coupez-la en rondelles.

3 Fouettez la soupe à l'aide d'un fouet, sans la mixer. Déposez des rondelles de saucisse dans la soupe. Congelez-la en portions lorsqu'elle est froide.

Préparez le hachis Parmentier au jambon

1 Épluchez 600 g de pommes de terre, coupez-les en cubes et faites-les cuire 25 min dans un grand volume d'eau bouillante salée. Égouttez-les.

2 Écrasez les pommes de terre à l'aide d'un presse-purée, salez, poivrez, ajoutez de la noix muscade. Fouettez ensuite la purée en ajoutant 10 cl de lait petit à petit, puis 100 g de fromage râpé, 1 œuf et 4 tranches de jambon coupées en petits morceaux.

3 Versez le tout dans un plat à gratin, égalisez à l'aide d'une fourchette. Saupoudrez de chapelure et laissez cuire 35 min à 180 °C (th. 6). Laissez refroidir avant de couvrir de film alimentaire et de conserver au réfrigérateur jusqu'au lendemain.

Pendant la cuisson des pommes de terre, préparez la compote pommes-coings

1 Épluchez les pommes et les coings, ôtez les trognons et coupez-les en petits cubes. Déposez les cubes de pommes et de coings dans une casserole avec 15 cl d'eau et 4 cuil. à soupe de miel. Faites cuire à feu doux avec un couvercle pendant 20 min en remuant de temps en temps.

2 Lorsque la compote est cuite, laissez-la tiédir et mixez-la finement à l'aide d'un blender ou d'un mixeur plongeant.

3 Versez dans un bac en plastique avec un couvercle et conservez au frais ou à température ambiante.

Préparez les nuggets porc-parmesan

1 Coupez les escalopes de porc en morceaux. Dans un bol, cassez et fouettez 1 œuf. Dans un autre bol, versez 1 cuil. à soupe bombée de farine. Dans un troisième bol, mélangez 50 g de chapelure et 50 g de parmesan.

2 Trempez les morceaux d'escalope dans la farine, puis dans l'œuf puis enfin dans le mélange chapelure-parmesan. Déposez les nuggets au fur et à mesure sur une assiette.

3 Faites chauffer un peu d'huile d'olive au fond d'une poêle. Lorsque l'huile est chaude, déposez les nuggets. Laissez-les dorer pendant quelques minutes d'un côté à feu moyen, puis retournez-les.

Préparation Menu #1

4 Attention, ne mettez pas le feu trop fort, ils doivent être bien cuits à l'intérieur ! Lorsque les nuggets sont froids, déposez-les dans un sachet congélation et congelez-les.

Préparez la poêlée de légumes d'hiver

1 Émincez 1 blanc de poireau. Faites-le revenir dans 1 cuil. d'huile d'olive dans une sauteuse.

2 Épluchez 3 pommes de terre, coupez-les en cubes et rincez-les. Rincez le brocoli et coupez les têtes. Coupez ¼ du potimarron en cubes sans l'éplucher. Ajoutez le tout dans la sauteuse. Filmez au contact le reste de potimarron et conservez-le au réfrigérateur dans le bac à légumes.

3 Salez, poivrez, ajoutez de la noix muscade et 15 cl d'eau environ. Remuez et couvrez à l'aide d'un couvercle. Faites cuire 20 min jusqu'à ce que les légumes soient tendres (ajoutez un peu d'eau si nécessaire en cours de cuisson).

4 Déposez la poêlée dans un saladier, filmez-le et conservez-le au frais jusqu'au mardi.

Préparez les pancakes

1 Cassez 2 œufs et séparez les blancs des jaunes. Dans un saladier, fouettez les jaunes avec 2 cuil. à soupe de sucre en poudre. Ajoutez 15 cl de lait et 165 g de farine. Remuez jusqu'à ce que la pâte soit bien lisse. Montez les blancs en neige et incorporez-les en 3 fois à la pâte en remuant délicatement à l'aide d'une spatule souple en silicone.

2 Faites fondre 1 noisette de beurre dans une poêle et déposez une louche de pâte. Laissez cuire 30 s

d'un côté puis retournez le pancake à l'aide d'une spatule et laissez cuire 30 s également. Déposez les pancakes au fur et à mesure sur une assiette. Laissez refroidir et filmez l'assiette avant de la placer au frais.

Préparez les cookies au potimarron

1 Faites cuire ¼ du potimarron coupé en dés avec la peau dans une casserole d'eau bouillante pendant 20 min. Laissez refroidir et écrasez en purée. Vous en utiliserez 120 g pour les cookies.

2 Dans un saladier, mélangez 100 g de sucre roux et 100 g de beurre mou. Ajoutez ensuite la purée de potimarron, 200 g de farine, 1 demi-sachet de levure chimique, 1 demi-cuil. à café de cannelle, 1 demi-cuil. à café d'épices à pain d'épice. Mélangez bien la pâte et ajoutez 100 g de pépites de chocolat. Préchauffez le four à 180 °C (th. 6).

3 Faites des petits tas de pâte à l'aide de deux petites cuillères sur une plaque de four recouverte de papier sulfurisé. Faites cuire les cookies 10 à 12 min environ, jusqu'à ce qu'ils soient bien gonflés et bien dorés en-dessous. Laissez-les refroidir.

4 Faites fondre 150 g de chocolat à pâtisser au bain-marie. Lorsqu'il est bien fondu, remuez-le pour qu'il devienne bien lisse. Trempez la moitié de chaque cookie dans le chocolat fondu et raclez le surplus à l'aide d'un couteau. Trempez-les ensuite au fur et à mesure dans des vermicelles au chocolat, de manière à ce qu'ils soient bien enrobés sur le dessus. Posez-les sur un papier sulfurisé au fur et à mesure. Laissez bien refroidir et conservez les cookies dans une boîte métallique.

Préparez le risotto de coquillettes

1 Coupez 200 g de potimarron en petits cubes. Émincez 2 échalotes. Faites revenir les échalotes dans 30 g de beurre avec les cubes de potimarron dans une grande poêle.

2 Ajoutez 250 g de coquillettes et faites revenir 2 à 3 min. Émiettez le cube de bouillon, versez 5 cl de vin blanc puis 50 cl d'eau en plusieurs fois, le temps que les coquillettes absorbent le liquide. Couvrez la poêle et laissez cuire 12 min environ. Salez, poivrez, ajoutez de la noix muscade. Laissez refroidir et congelez dans une boîte.

Autres préparations

1 Faites cuire 100g de blé dans une casserole selon le temps indiqué sur le paquet. Laissez refroidir et placez au réfrigérateur recouvert de film alimentaire.

Résultat Menu #1

 Menu #1

Lundi

Hachis Parmentier au jambon
Compote pommes-coings

Cuisson :
20 min

Préchauffez le four à 180 °C (th. 6) et faites réchauffer pendant 20 min le hachis Parmentier au jambon.
Servez en dessert de la compote pommes-coings.

Mardi

Poêlée aux légumes d'hiver et blé
Fluffy pancakes

Cuisson :
15 min

Réchauffez la poêlée de légumes dans une sauteuse ou une grande casserole pendant 10 min environ. Réchauffez le blé au micro-ondes.
Placez les pancakes au four pour les réchauffer pour le dessert.

Mercredi

Nuggets porc-parmesan et purée de légumes
Yaourt

Préparation :
5 min
Cuisson :
10 min

Réchauffez les nuggets surgelés dans une poêle légèrement huilée pendant 10 min à feu doux.
Pendant ce temps, écrasez les légumes restants de la poêlée aux légumes d'hiver de la veille. Réchauffez le tout en remuant à l'aide d'un fouet dans une casserole à feu doux, et ajoutez 1 cuil. à soupe de crème.
Servez les nuggets de porc avec la purée et 1 yaourt en dessert.

Jeudi

Soupe de pois cassés
Cookies au potimarron

Préparation :
5 min
Cuisson :
10 min

Faites décongeler la soupe de pois cassés dans une casserole à feu doux.
Sortez les cookies au potimarron. Pliez des cure-dents en deux puis plantez-les dans les cookies pour former des pattes d'araignée.
Servez la soupe de pois avec les rondelles de saucisse de Morteau puis les cookies-araignées en dessert.

Vendredi

Risotto de coquillettes au potimarron
Banane

Préparation :
5 min
Cuisson :
5 min

Le matin, sortez le risotto de coquillettes du congélateur et placez-le au réfrigérateur.
Le soir, faites-le réchauffer dans une casserole à feu doux.
Au dernier moment, ajoutez 50 g de parmesan. Mélangez bien et servez immédiatement.
En dessert, proposez 1 banane.

Menu #2

Courses Menu #2

Courses Menu #2

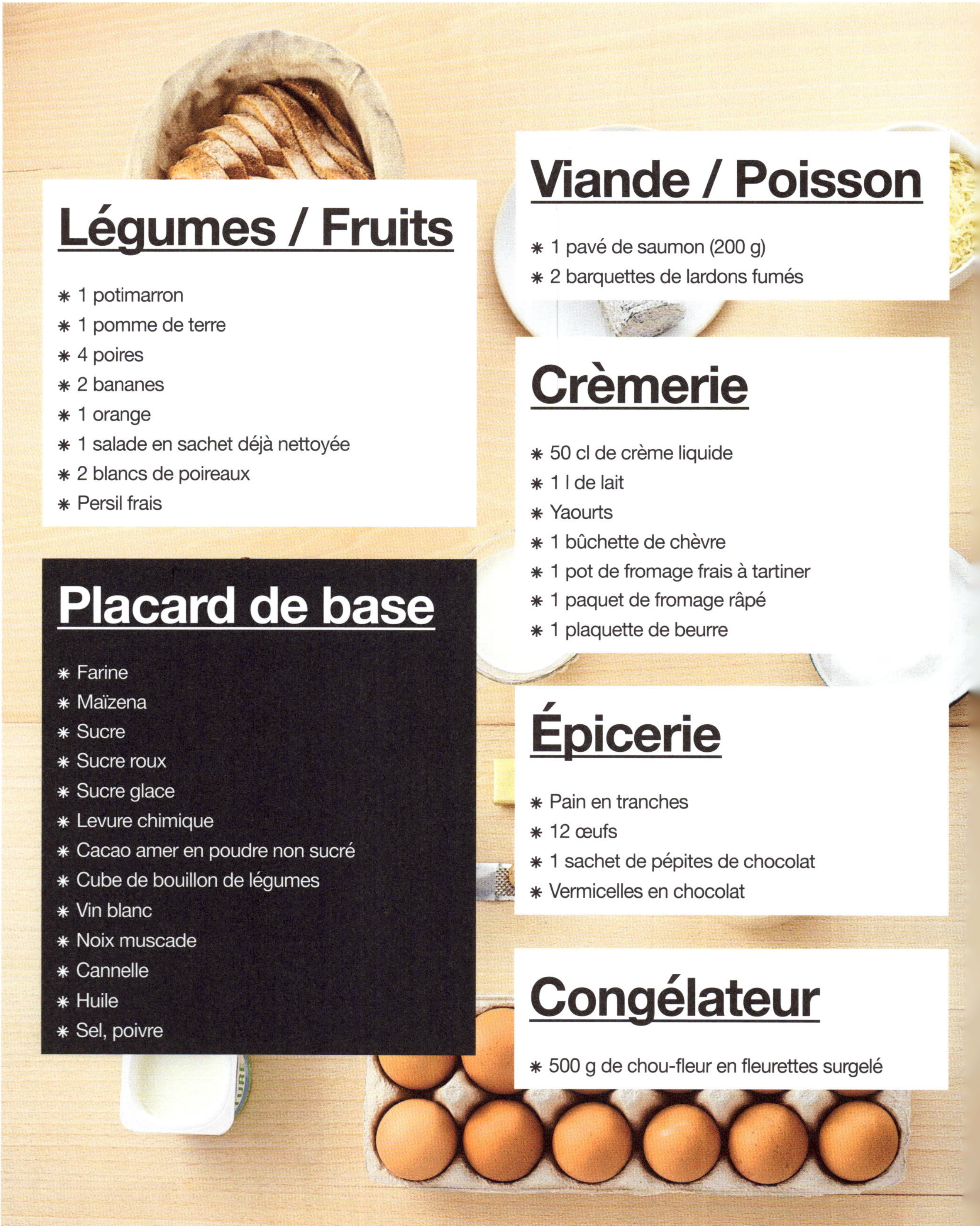

Légumes / Fruits

- 1 potimarron
- 1 pomme de terre
- 4 poires
- 2 bananes
- 1 orange
- 1 salade en sachet déjà nettoyée
- 2 blancs de poireaux
- Persil frais

Placard de base

- Farine
- Maïzena
- Sucre
- Sucre roux
- Sucre glace
- Levure chimique
- Cacao amer en poudre non sucré
- Cube de bouillon de légumes
- Vin blanc
- Noix muscade
- Cannelle
- Huile
- Sel, poivre

Viande / Poisson

- 1 pavé de saumon (200 g)
- 2 barquettes de lardons fumés

Crèmerie

- 50 cl de crème liquide
- 1 l de lait
- Yaourts
- 1 bûchette de chèvre
- 1 pot de fromage frais à tartiner
- 1 paquet de fromage râpé
- 1 plaquette de beurre

Épicerie

- Pain en tranches
- 12 œufs
- 1 sachet de pépites de chocolat
- Vermicelles en chocolat

Congélateur

- 500 g de chou-fleur en fleurettes surgelé

Lundi

Knepfles
Flan au chocolat et dés de poire

Mardi

Saumon au four sur fondue de poireaux et knepfles grillés
Yaourt

Mercredi

Velouté de potimarron et tartines de fromage
Banane écrasée au jus d'orange

Jeudi

Quiche lorraine sans pâte
Poire

Vendredi

Galettes de chou-fleur et œuf dur
Muffin au potimarron

Préparation Menu #2

Préparez les knepfles

1 Fouettez 3 œufs avec un peu de farine et ajoutez 20 cl d'eau. Fouettez vivement à l'aide d'un fouet en ajoutant de la farine (350 g au total) et de l'eau jusqu'à ce que la pâte soit bien lisse et sans grumeaux. Elle doit être très collante. Salez. Fouettez vivement la pâte en la soulevant bien. À force de répéter le geste, quelques grosses « bulles » vont apparaître. Laissez la pâte 30 min à température ambiante.

2 Faites frémir un grand volume d'eau salée. Déposez des petits tas de pâte dans l'eau frémissante à l'aide d'une cuillère à soupe. Mouillez d'abord la cuillère dans l'eau bouillante une première fois avant de prélever de la pâte, pour que celle-ci se décolle bien.

3 Lorsque les knepfles remontent à la surface, ils sont cuits. Laissez-les encore dans l'eau frémissante pendant 3 min puis sortez-les à l'aide d'une écumoire. Baissez le feu en cours de cuisson, pour éviter que l'eau déborde. Déposez les knepfles dans un plat jusqu'au lendemain, recouverts de film alimentaire.

Préparez la soupe de potimarron pendant le temps de repos de la pâte des knepfles

1 Coupez 1 demi-potimarron grossièrement en morceaux en ôtant les graines, sans l'éplucher. Épluchez la pomme de terre et coupez-la en cubes. Émincez 1 blanc de poireau. Versez le tout avec le cube de bouillon dans une grande cocotte d'eau bouillante.

2 Laissez cuire 25 min jusqu'à ce que les légumes soient tendres. Égouttez et mixez avec un peu de bouillon de cuisson jusqu'à ce que la texture soit veloutée. Salez, poivrez et ajoutez de la noix muscade. Répartissez la soupe dans des pots en plastique individuels et congelez-les jusqu'au mercredi.

Préparez les muffins au potimarron

1 Coupez le demi-potimarron restant en morceaux et faites-les cuire 15 min dans de l'eau bouillante. Écrasez-le en purée à la fourchette.

2 Préchauffez le four à 180 °C (th. 6). Dans un saladier, fouettez 3 œufs avec 120 g de sucre roux. Ajoutez 120 g de beurre fondu. Remuez. Versez 150 g de farine, ½ sachet de levure chimique, remuez et ajoutez la purée froide et 80 g de pépites de chocolat. Répartissez la pâte dans des caissettes à muffins.

3 Faites cuire les muffins 20 à 25 min jusqu'à ce qu'ils soient bien dorés et bien gonflés. Laissez-les refroidir et congelez-les dans des sachets congélation.

Préparation Menu #2

Préparez le saumon au four et la fondue de poireaux

1 Émincez 1 blanc de poireau finement et faites-le revenir dans 10 g de beurre dans une poêle. Couvrez la poêle avec un couvercle et laissez étuver pendant quelques minutes, jusqu'à ce que le poireau soit translucide. Versez alors 2 cuil. à soupe de vin blanc et laissez-le s'évaporer. Salez, poivrez, ajoutez de la noix muscade puis terminez par 10 cl de crème liquide.

2 Préchauffez le four à 200 °C (th. 6-7). Dans le plat, déposez un grand morceau de papier cuisson. Ajoutez le pavé de saumon sans la peau (vérifiez qu'il n'y a pas d'arêtes). Recouvrez avec la fondue de poireaux et saupoudrez de fromage râpé. Refermez le papier cuisson pour que le poisson soit bien emballé et faites cuire 25 min à 200 °C (th. 6-7). Laissez refroidir et placez au réfrigérateur dans le plat filmé.

Préparez les flans au chocolat

1 Versez 50 cl de lait bien froid dans une casserole. Ajoutez 25 g de cacao amer, 50 g de sucre en poudre et 25 g de Maïzena. Fouettez pour bien répartir les ingrédients. Faites chauffer à feu doux en remuant de temps en temps pendant environ 10 min, jusqu'à ce que la préparation commence à épaissir.

2 Versez dans 4 petits ramequins et laissez refroidir. Filmez les ramequins et conservez-les au frais jusqu'au lendemain.

Préparez la quiche lorraine sans pâte

1 Préchauffez le four à 180 °C (th. 6). Dans un saladier, fouettez 3 œufs et 50 g de farine. Ajoutez 25 cl de crème liquide et 15 cl de lait jusqu'à ce que l'appareil soit bien lisse et sans grumeaux. Faites griller 150 g de lardons dans une poêle et ajoutez-les dans le saladier. Assaisonnez de noix muscade et de poivre, et ajoutez 120 g de fromage râpé en dernier.

2 Versez le tout dans un moule en silicone ou dans un moule recouvert de papier sulfurisé. Faites cuire la quiche 30 min. Elle doit être bien dorée. Laissez refroidir et congelez la quiche en parts bien emballées dans des sacs congélation.

Préparez les galettes de chou-fleur

1 Faites cuire 500 g de chou-fleur surgelé dans une casserole d'eau bouillante pendant 20 min. Égouttez.

2 Écrasez le chou-fleur dans un saladier, ajoutez 2 œufs et 2 cuil. à soupe de farine. Mélangez. Ajoutez ensuite 2 cuil. à soupe de persil haché, du sel, du poivre et de la noix muscade. Mélangez et ajoutez 20 g de fromage râpé.

3 Faites chauffer 2 cuil. à soupe d'huile dans une poêle. Déposez des petits tas de pâte dans la poêle bien chaude et laissez-les griller sur une face pendant 3 min avant de les retourner à l'aide d'une spatule. Déposez-les au fur et à mesure sur une assiette. Laissez refroidir et congelez dans des sacs congélation.

Résultat Menu #2

Menu #2

Lundi

Knepfles
Flan au chocolat et dés de poire

Préparation : 10 min
Cuisson : 5 min

Faites griller 150 g de lardons dans une poêle. Lorsqu'ils sont grillés, versez 10 cl de crème liquide par-dessus. Réchauffez les knepfles au micro-ondes puis versez la sauce à la crème par-dessus. Servez bien chaud.
Pour le dessert, épluchez des poires et coupez-les en petits dés. Répartissez-les sur les flans au chocolat.

Mardi

Saumon au four sur fondue de poireaux et knepfles grillés
Yaourt

Préparation : 10 min
Cuisson : 10 min

Faites réchauffer la papillote de saumon et la fondue de poireaux dans le four.
Pendant ce temps, faites griller le reste de knepfles dans une poêle légèrement beurrée.
Servez le saumon au four avec des knepfles grillés et 1 yaourt en dessert.

Mercredi

Velouté de potimarron et tartines de fromage
Banane écrasée au jus d'orange

Préparation : 10 min
Cuisson : 10 min

Préchauffez le four à 180 °C (th. 6). Décongelez le velouté de potimarron à feu doux dans une casserole.
Pendant ce temps, tartinez 2 belles tranches de pain de fromage à tartiner, puis déposez de fines rondelles de bûchette de chèvre par-dessus. Enfournez pour 10 min à 180 °C (th. 6) jusqu'à ce que le fromage soit bien fondu. Accompagnez le velouté de tartines de fromage grillé.
Pour le dessert, écrasez 1 banane par enfant dans un petit bol, ajoutez le jus de 1 demi-orange et 1 pincée de cannelle.

Jeudi

Quiche lorraine sans pâte
Poire

Préparation :
5 min
Cuisson :
10 min

Le matin, sortez les parts de quiche du congélateur et placez-les au réfrigérateur.
Le soir, faites réchauffer la quiche au four. Servez avec de la salade verte.
En dessert, proposez 1 poire.

Vendredi

Galettes de chou-fleur et œuf dur
Muffin au potimarron

Préparation :
5 min
Cuisson :
10 min

Le matin, sortez les muffins au potimarron et les galettes de chou-fleur du congélateur et placez-les au réfrigérateur.
Le soir, faites réchauffer les galettes de chou-fleur dans une poêle à feu doux.
Faites cuire 2 œufs dans une casserole d'eau bouillante pendant 10 min. Servez les galettes avec 1 œuf dur.
Mélangez un peu de sucre glace avec de l'eau et décorez les muffins en ajoutant des vermicelles en chocolat.

Menu #3

Courses Menu #3

Courses Menu #3

Légumes / Fruits

* 1 courge butternut
* 1 pomme de terre
* 1 carotte
* 5 pommes
* 2 poires
* 2 oignons

Placard de base

* Curcuma
* 100 g de pâtes
* 2 cubes de bouillon de légumes
* Farine
* Sucre roux
* Chapelure
* Aneth ciselé
* Mélange 4-épices
* Thym
* Gingembre en poudre
* Curry
* Cumin
* Noix muscade
* Ail semoule
* Miel de sapin
* Sauce soja
* Moutarde
* Huile d'olive
* Sel, poivre

Viande / Poisson

* 300 g de pavés de saumon
* 4 tranches de jambon
* 2 escalopes de dinde

Crèmerie

* 20 cl de crème liquide
* 1 paquet de fromage râpé
* 1 petite boîte de Kiri
* Yaourts
* 1 l de lait
* 1 plaquette de beurre

Épicerie

* Lentilles corail
* 4 œufs
* 1 boîte de châtaignes en conserve
* 1 boîte de champignons de Paris en conserve

Lundi

Soupe aux lentilles corail
Crêpes

Mardi

Crêpes jambon-champignons
Pomme

Mercredi

Boulettes de saumon et butternut rôtie
Compote pomme-poire-miel

Jeudi

Soupe de butternut à la châtaigne
Crumble à la compote pomme-poire-miel

Vendredi

Roulé de dinde au Kiri et pâtes
Yaourt

Préparation Menu #3

Préparez la soupe de lentilles corail

1 Épluchez 1 oignon et émincez-le. Faites chauffer 1 cuil. à café d'huile d'olive dans une sauteuse et faites revenir l'oignon 2 min. Ajoutez 200 g de lentilles corail, 1 cube de bouillon de légumes et couvrez d'eau. Laissez pendant 15 min puis ajoutez 1 demi-cuil. à café de curcuma.

2 Mixez à l'aide d'un mixeur plongeant. Conservez la soupe jusqu'au lendemain au réfrigérateur.

Préparez les boulettes de saumon pendant que la soupe cuit

1 Coupez le saumon en cubes et déposez-les dans le bol d'un mixeur. Ajoutez 1 cuil. à soupe de moutarde et 1 œuf. Mixez grossièrement. Versez la préparation dans un saladier. Salez, poivrez, ajoutez 120 g de chapelure et 1 cuil. à café d'aneth ciselé. Roulez des boulettes dans vos mains, puis roulez-les dans de la farine versée dans une assiette.

2 Posez les boulettes dans un plat recouvert de papier sulfurisé (ou badigeonné d'huile d'olive).

3 Faites-les cuire 20 min à 210 °C (th. 7). Retournez les boulettes à mi-cuisson. Laissez-les refroidir et congelez-les pour mercredi.

Préparez la soupe de butternut à la châtaigne pendant la cuisson des boulettes de saumon

1 Épluchez la courge butternut, retirez les graines et coupez la moitié en gros cubes. Épluchez la pomme de terre, la carotte et 1 oignon et coupez-les en morceaux.

2 Faites chauffer 50 cl d'eau avec 1 cube de bouillon de légumes. Ajoutez les légumes coupés en cubes et 50 g de châtaignes. Faites cuire 25 min.

3 Lorsque les légumes sont cuits, ajoutez 1 demi-cuil. à café de mélange 4-épices et 1 demi-cuil. à café de gingembre en poudre. Mixez à l'aide d'un mixeur plongeant. Congelez la soupe refroidie jusqu'au jeudi.

Préparez la butternut rôtie

1 Préchauffez le four à 200 °C (th. 6-7). Coupez la deuxième moitié de la courge butternut en cubes. Déposez-les sur une plaque de four recouverte de papier sulfurisé.

2 Dans un bol, mélangez 1 cuil. à soupe de miel, 2 cuil. à soupe de sauce soja, 1 pincée de curry, du sel et du poivre. Badigeonnez les cubes à l'aide d'un pinceau. Saupoudrez avec un peu de cumin et de thym et versez 1 filet d'huile d'olive. Enfournez 30 min en remuant les cubes de temps en temps.

3 Laissez refroidir et placez au frais dans une boîte hermétique.

Préparation Menu #3

Préparez la compote pomme-poire-miel

1 Épluchez 3 pommes et 2 poires et coupez-les en cubes. Déposez les cubes de fruits dans une casserole avec 5 cl d'eau et 1 grosse cuil. de miel. Faites cuire à feu doux avec un couvercle en remuant de temps en temps pendant 15 min environ. Arrêtez la cuisson lorsque les fruits sont tendres.

2 Mixez la compote jusqu'à ce qu'elle soit bien lisse. Versez-la dans une boîte en plastique hermétique et conservez-la au frais.

Préparez la pâte à crêpes

1 Fouettez 3 œufs avec 250 g de farine et ajoutez 50 cl de lait petit à petit (pour éviter les grumeaux) sans cesser de fouetter. Si la pâte vous semble trop épaisse, n'hésitez pas à ajouter un peu de lait. Faites dorer les crêpes dans une poêle 2 à 3 min de chaque côté.

2 Conservez au frais dans une assiette recouverte de film alimentaire.

Préparez la béchamel pour les crêpes jambon-champignons

1 Faites fondre 20 g de beurre à petit feu dans une casserole. Lorsqu'il est fondu, ajoutez 2 cuil. à soupe bombées de farine et remuez doucement à l'aide d'un fouet pendant 2 min. Versez 30 cl de lait froid et continuez de remuer jusqu'à ce que la préparation épaississe. Assaisonnez votre béchamel avec un peu de sel, de poivre et de noix muscade.

2 Coupez 2 tranches de jambon en petits morceaux et coupez les champignons en morceaux s'ils sont trop gros. Déposez-les dans la béchamel et remuez bien. Ajoutez 50 g de fromage râpé. Laissez refroidir et congelez dans une boîte hermétique.

Préparez les roulés de dinde

1 Déposez les escalopes de dinde sur une planche. Déposez 1 demi-tranche de jambon et 1 Kiri coupé en deux tout au bout de chaque escalope. Déposez du fromage râpé et roulez les escalopes sur elles-mêmes. Vous pouvez fermer avec un cure-dent si l'escalope se déroule.

2 Faites chauffer 1 cuil. à soupe d'huile d'olive dans une poêle et déposez vos roulés. Faites-les griller à feu vif sur toutes les faces, puis baissez le feu. Mettez un couvercle sur la poêle pour que la cuisson soit bien homogène et laissez cuire pendant 15 min à feu doux. Laissez refroidir et congelez dans une boîte hermétique.

Autres préparations

1 Dans un saladier, mélangez 25 g de beurre, 25 g de sucre roux, 50 g de farine et 1 cuil. à café d'eau. Malaxez la pâte du bout des doigts jusqu'à l'obtention d'un genre de sable. Répartissez le crumble sur une plaque de four recouverte de papier cuisson. Enfournez 15 min jusqu'à ce qu'il soit doré. Laissez refroidir et conservez dans une boîte métallique.

Résultat Menu #3

 Menu #3

Lundi

Soupe aux lentilles corail
Crêpes

Préparation : 5 min
Cuisson : 5 min

Faites réchauffer la soupe aux lentilles corail et quelques crêpes pour le dessert.

Mardi

Crêpes jambon-champignons
Pomme

Préparation : 5 min
Cuisson : 15 min

Le matin, sortez la sauce Béchamel du congélateur et placez-la au réfrigérateur.
Le soir, préchauffez le four à 180 °C (th. 6). Faites réchauffer la béchamel à feu très doux dans une casserole. Donnez-lui un petit coup de fouet si besoin pour lui redonner une belle consistance. Versez 1 grosse cuillerée de préparation à la béchamel au centre de 4 crêpes puis pliez-les. Déposez les crêpes dans un plat et saupoudrez 20 g de fromage râpé. Faites cuire au four pendant 15 min jusqu'à ce que le fromage soit fondu.
Servez les crêpes fourrées puis 1 pomme en dessert.

Mercredi

Boulettes de saumon et butternut rôtie
Compote pomme-poire-miel

Préparation : 5 min
Cuisson : 10 min

Sortez les boulettes de saumon du congélateur et réchauffez-les doucement dans une poêle légèrement huilée à feu doux. Faites réchauffer la butternut rôtie au four. Servez la butternut avec les boulettes et de la compote en dessert.

Jeudi

Soupe de butternut à la châtaigne
Crumble à la compote pomme-poire-miel

Préparation :
5 min
Cuisson :
10 min

Décongelez la soupe de butternut dans une casserole à feu doux. Faites griller 30 g de châtaignes concassées dans 1 noisette de beurre et déposez-les sur la soupe de butternut.
Préchauffez le four à 180 °C (th. 6). Déposez le reste de la compote pomme-poire-miel dans 2 ramequins allant au four. Ajoutez le crumble conservé dans la boîte métallique. Enfournez pour les réchauffer.
Servez la soupe bien chaude puis les crumbles en dessert.

Vendredi

Roulé de dinde au Kiri et pâtes
Yaourt

Préparation :
5 min
Cuisson :
10 min

Le matin, sortez les roulés de dinde du congélateur et placez-les au réfrigérateur.
Le soir, faites cuire 100 g de pâtes dans de l'eau bouillante salée.
Dans un bol, mélangez 5 cl de crème liquide, de l'ail semoule, du sel et du poivre puis versez sur les roulés. Enfournez le tout 10 min jusqu'à ce que ce soit bien chaud. Servez avec des pâtes et proposez 1 yaourt en dessert.

Menu #4

Courses Menu #4

Courses Menu #4

Légumes / Fruits

* 2 poivrons (vert et rouge)
* 3 carottes
* 1 kg de pommes de terre Bintje
* 2 courgettes
* 1 blanc de poireau
* 1 navet
* 5 pommes
* 5 petites poires
* 1 échalote
* 2 oignons
* 2 gousses d'ail
* Persil

Placard de base

* Farine
* Chapelure
* Sucre en poudre
* Sucre roux
* Semoule de blé fine
* Clou de girofle
* Cannelle
* Noix muscade
* Huile d'olive
* Sel, poivre

Viande / Poisson

* 2 cuisses de canards confites en conserve

Crèmerie

* 1 boule de mozzarella
* 1,5 l de lait
* Petits-suisses
* 1 plaquette de beurre

Épicerie

* 2 pâtes feuilletées
* 1 boîte de tomates pelées
* 6 œufs
* Vermicelles (cheveux d'ange)
* 1 gousse de vanille
* 1 boîte de conserve de pois chiches (moyenne)
* 1 bocal de haricots verts

Congélateur

* 200 g de lieu noir

Menus de la semaine

Lundi

Chaussons aux légumes
Crème renversée au caramel

Mardi

Parmentier au confit de canard
Compote pommes, poires et cannelle

Mercredi

Soupe de légumes et vermicelles
Tartelette à la compote

Jeudi

Soupe de poisson
Semoule à la cannelle

Vendredi

Nuggets végétariens aux pois chiches et haricots verts
Petits-suisses

Préparation Menu #4

Préparez les crèmes renversées au caramel

1 Préchauffez le four à 150 °C (th. 5) et déposez un plat rempli d'eau dans le four.

2 Faites cuire 100 g de sucre avec 2 cuil. à café d'eau dans une casserole pour réaliser un caramel. Nappez-en les ramequins rapidement car le caramel va se figer. Réservez.

3 Faites chauffer 50 cl de lait dans une casserole avec la gousse de vanille fendue et les graines grattées.

4 Dans un saladier, mélangez 3 œufs avec 75 g de sucre. Ne fouettez pas trop fort, les œufs ne doivent pas mousser, sinon les crèmes auront des petites bulles. Retirez la gousse de vanille et versez le lait sur les œufs. Mélangez.

5 Versez la préparation dans les ramequins. Déposez les ramequins dans le plat d'eau.

6 Faites cuire les petites crèmes 35 à 40 min à 180 °C (th. 6). Elles sont cuites lorsqu'elles sont fermes mais un peu tremblotantes. Laissez refroidir jusqu'au lendemain au réfrigérateur.

Préparez les chaussons aux légumes

1 Rincez les poivrons et coupez-les en petits cubes. Faites-les revenir dans une poêle dans 1 cuil. à soupe d'huile d'olive. Remuez de temps en temps et laissez-les cuire pendant 15 min.

2 Ajoutez 5 tomates pelées coupées en petits dés dans la poêle. Salez, poivrez.

3 Préchauffez le four à 200 °C (th. 6-7). Étalez les deux pâtes feuilletées sur le plan de travail légèrement fariné. Coupez des cercles de 15 cm de diamètre en vous aidant d'un verre ou d'un bol. Disposez la garniture sur un côté du cercle en ajoutant des petits cubes de mozzarella.

4 Badigeonnez d'eau le tour des cercles à l'aide d'un pinceau. Refermez les cercles en deux, en chaussons. Piquez le tour des chaussons avec une fourchette. Badigeonnez de jaune d'œuf battu à l'aide d'un pinceau.

5 Faites cuire les chaussons 25 min à 200 °C (th. 6-7). Ils doivent être bien dorés. Lorsqu'ils sont froids, congelez-les.

Pendant la cuisson des chaussons, préparez la soupe de légumes aux vermicelles

1 Épluchez 3 carottes, 2 pommes de terre, 1 courgette, 1 blanc de poireau et 1 navet. Coupez le tout en morceaux et placez-les dans une casserole d'eau salée. Faites cuire 20 à 25 min jusqu'à ce que les légumes soient tendres.

2 Mixez les légumes avec un peu de bouillon de cuisson pour obtenir de la soupe pas trop liquide. Ajoutez un peu de noix muscade, du sel et du poivre.

3 Faites cuire 30 g de vermicelles pendant 3 min dans de l'eau bouillante, égouttez-les et ajoutez-les dans la soupe de légumes. Congelez la soupe en portions individuelles dans des pots en plastique.

Préparation Menu #4

Préparez la compote de pommes, poires et cannelle

1 Épluchez les pommes et les poires et coupez-les en cubes. Déposez-les dans une casserole avec 2 cuil. à soupe d'eau, 1 cuil. à soupe de sucre roux et 1 cuil. à café rase de cannelle. Faites cuire à feu doux avec un couvercle en remuant de temps en temps pendant 15 min environ.

2 Lorsque les fruits sont cuits, mixez-les à l'aide d'un mixeur plongeant ou bien d'un blender. Laissez refroidir. Versez dans un saladier et filmez. Conservez au réfrigérateur.

Préparez les fonds de tartelettes

1 Versez 125 g de farine dans un saladier. Creusez un puits et déposez au centre 60 g de beurre ramolli en morceaux. Mélangez du bout des doigts jusqu'à ce que vous obteniez un sable.

2 Ajoutez un peu d'eau pour lier. Malaxez la pâte jusqu'à ce qu'elle devienne homogène et élastique. Préchauffez le four à 180 °C (th. 6). Étalez la pâte sur le plan de travail légèrement fariné et découpez des disques de la taille des empreintes à tartelettes à l'aide d'un emporte-pièce ou d'un verre. Déposez la pâte dans les empreintes à tartelettes. Piquez chaque fond de pâte à l'aide d'une fourchette et faites-les cuire 20 min. Laissez refroidir et congelez les fonds de tartelettes.

Préparez le parmentier au confit de canard

1 Épluchez 500 g de pommes de terre, coupez-les en cubes et faites-les cuire 20 min dans un grand volume d'eau bouillante salée. Égouttez-les.

2 Écrasez les pommes de terre à l'aide d'un presse-purée, salez, poivrez, ajoutez de la noix muscade. Fouettez ensuite la purée en ajoutant 10 cl de lait petit à petit, jusqu'à ce qu'elle soit bien lisse. Ajoutez 10 g de beurre en dernier, mélangez.

3 Préchauffez le four à 180 °C (th. 6).

4 Sortez les cuisses de canard confites de la graisse et passez-les sous l'eau tiède pour en retirer le maximum. Dépiautez les cuisses et déposez le tout dans un plat. Prélevez un tout petit peu de graisse de canard, faites-la fondre dans une poêle et faites-y revenir l'échalote émincée. Mélangez l'échalote au confit de canard, salez et poivrez.

5 Déposez le tout dans un plat à gratin. Versez la purée par-dessus. Faites des stries sur la purée à l'aide d'une fourchette.

6 Faites cuire le parmentier de canard pendant 25 min à 180 °C (th. 6) jusqu'à ce que la purée soit dorée. Lorsque le plat est froid, filmez-le et conservez-le au réfrigérateur jusqu'à mardi.

Préparez la soupe de poisson aux pommes de terre

1 Émincez 1oignon et 1 gousse d'ail. Épluchez 1 pomme de terre. Rincez la pomme de terre et la courgette (non épluchée) et coupez-les en morceaux grossièrement. Faites revenir le tout dans une cocotte dans 1 cuil. à soupe d'huile d'olive. Ajoutez 1 clou de girofle, remuez et versez 30 cl d'eau. Salez et poivrez. Faites mijoter à feu doux 15 min en remuant de temps en temps.

2 Mixez grossièrement la soupe à l'aide d'un mixeur plongeant (ou écrasez-la grossièrement à l'aide d'un presse-purée) puis laissez refroidir. Congelez la soupe.

Préparez la semoule à la cannelle

1 Faites chauffer 50 cl de lait avec 15 g de sucre. Lorsqu'il est bien chaud, versez 3 cuil. à soupe bombées de semoule de blé fine en pluie et remuez pendant 5 min jusqu'à l'épaississement.

2 Ajoutez alors un peu de cannelle et répartissez le tout dans 2 ramequins. Placez les ramequins au congélateur.

Préparez les nuggets de pois chiches

1 Mixez les pois chiches avec 1 oignon, 1 gousse d'ail et du persil. Ajoutez un peu de jus de pois chiches pour mixer facilement (pas plus de 2 cuil. à soupe).

2 Ajoutez 1 cuil. à soupe de farine dans la préparation et remuez. Formez des petites boules de pâte et roulez-les dans la chapelure. Aplatissez-les légèrement et déposez-les sur une assiette le temps de préparer les autres.

3 Faites chauffer de l'huile d'olive dans une poêle antiadhésive et faites griller les nuggets pendant 3 à 4 min de chaque côté. Laissez refroidir et congelez les nuggets dans des sacs congélation.

Résultat Menu #4

 Menu #4

Lundi

Chaussons aux légumes
Crème renversée au caramel

Préparation : 5 min
Cuisson : 10 min

Préchauffez le four à 180 °C (th. 6) et faites réchauffer les chaussons aux légumes 10 min. Servez-les bien chauds. Pour le dessert, renversez 1 crème au caramel dans une petite assiette à dessert. Pour faciliter le démoulage, passez la lame d'un couteau tout autour du ramequin.

Mardi

Parmentier au confit de canard
Compote pommes, poires et cannelle

Cuisson : 20 min

Sortez le plat de parmentier au confit de canard du réfrigérateur et réchauffez-le au four à 180 °C (th. 6) pendant 20 min.
Servez le parmentier en plat puis de la compote en dessert.

Mercredi

Soupe de légumes et vermicelles
Tartelette à la compote

Préparation : 5 min
Cuisson : 10 min

Le matin, sortez les fonds de tartelettes du congélateur et placez-les à température ambiante.
Le soir, saupoudrez le fond d'un peu de poudre d'amandes, puis ajoutez de la compote pommes, poires, cannelle. Enfournez 10 min pour les faire réchauffer.
Faites réchauffer la soupe aux vermicelles dans une casserole à feu doux.

Jeudi

Soupe de poisson
Semoule à la cannelle

Préparation :
5 min
Cuisson :
10 min

Le matin, sortez la soupe de poisson et le lieu noir du congélateur et placez-les au réfrigérateur. Faites de même avec les ramequins de semoule à la cannelle.
Le soir, faites réchauffer la soupe dans une casserole sur feu doux. Rincez le poisson sous un filet d'eau froide et tamponnez-le avec du papier absorbant. Coupez-le en cubes. Ajoutez les cubes de poisson dans la soupe bien chaude et laissez 5 min, le temps que le poisson cuise. Servez la soupe chaude et la semoule à la cannelle en dessert.

Vendredi

Nuggets végétariens aux pois chiches et haricots verts
Petits-suisses

Préparation :
5 min
Cuisson :
4 min

Le matin, sortez les nuggets de pois chiches du congélateur et placez-les au réfrigérateur.
Le soir, faites réchauffer les nuggets dans une poêle à feu doux.
Faites réchauffer les haricots à feu doux dans une casserole. Servez avec les nuggets et proposez des petits-suisses en dessert.

Hiver

Menu #1

Courses Menu #1

Courses Menu #1

Légumes / Fruits

- 2 oignons
- 5 carottes
- 1 chou-fleur
- 3 pommes de terre
- 1 mangue
- 12 clémentines
- 5 pommes
- 1 banane
- 3 blancs de poireaux
- 1 échalote

Placard de base

- 100 g de spaghettis
- Herbes de Provence
- Noix muscade
- Cannelle en poudre
- Bâton de cannelle
- 1 sachet de sucre vanillé
- 2 cubes de bouillon
- Farine
- Sucre en poudre
- Sucre roux
- Vanille liquide
- Concentré de tomates
- Laurier
- Huile d'olive
- Sel, poivre

Viande / Poisson

- 500 g de bœuf haché
- 120 g de lardons fumés

Crèmerie

- 75 cl de lait
- Yaourts
- Fromage à tartiner
- 1 petite bûchette de chèvre
- 1 plaquette de beurre

Épicerie

- 50 cl de coulis de tomates
- 1 cube de levure fraîche
- 3 œufs
- 2 tranches de pain rassis
- 1 baguette
- 1 pâte feuilletée
- 1 paquet de flocons d'avoine

Lundi

Spaghettis bolognaise
Salade de fruits vitaminée

Mardi

Buns à la bolognaise
Yaourt

Mercredi

Velouté de chou-fleur et tartines grillées
Compote pommes-clémentines

Jeudi

Feuilletés aux poireaux et lardons
Clémentines

Vendredi

Soupe de poireaux à l’avoine
Pain perdu

Préparation Menu #1

Commencez par préparer la sauce bolognaise, car elle mijote longtemps. Vous pourrez préparer toutes les autres recettes pendant son temps de cuisson.

1 Faites chauffer 1 cuil. à soupe d'huile dans une cocotte en fonte. Épluchez et émincez 2 oignons. Épluchez 3 carottes et coupez-les en tout petits dés.

2 Faites revenir les légumes dans l'huile d'olive pendant 10 min environ, jusqu'à ce qu'ils soient légèrement dorés. Faites griller la viande hachée dans la même cocotte, en décalant les légumes sur le côté pour que la viande puisse griller. Remuez. Saupoudrez de 20 g de farine, mélangez puis ajoutez 10 cl d'eau. Mélangez.

3 Ajoutez 1 cuil. à soupe de concentré de tomates puis 50 cl de coulis. Salez, poivrez et ajoutez 1 cuil. à café d'herbes de Provence et 1 feuille de laurier. Mettez le couvercle sur la cocotte et laissez mijoter à feu doux 30 min. Remuez de temps en temps et, en cours de cuisson, vous pouvez ajouter un verre d'eau si cela attache un peu. Ajustez l'assaisonnement si nécessaire. Laissez refroidir entièrement la sauce. Versez-la dans un saladier et placez au réfrigérateur.

Préparez le velouté de chou-fleur

1 Rincez le chou-fleur et coupez-le en morceaux. Épluchez les pommes de terre et coupez-les en cubes. Déposez les légumes dans une casserole

avec 30 cl d'eau, 30 cl de lait, de la noix muscade et 1 cube de bouillon.

2 Laissez cuire 25 min jusqu'à ce que les légumes soient cuits. Mixez à l'aide d'un mixeur plongeant jusqu'à ce que le velouté soit bien lisse. Lorsque le velouté est froid, versez-le dans un bac en plastique et congelez-le.

Préparez la pâte à buns

1 Faites tiédir 20 cl de lait. Émiettez 15 g de levure fraîche dans le lait tiède. Attention, si le lait est trop chaud, il va tuer la levure et votre pâte ne lèvera pas.

2 Dans le bol d'un robot (ou dans un saladier), versez 400 g de farine, 1 œuf, 1 pincée de sel et 30 g de sucre. Ajoutez le lait tiède puis pétrissez la pâte. Ajoutez 60 g de beurre mou en dernier. Pétrissez la pâte jusqu'à ce qu'elle se détache des parois du saladier.

3 Couvrez le saladier à l'aide de film alimentaire et laissez lever la pâte dans un endroit tiède (à côté du radiateur par exemple) pendant 30 min environ. Pendant ce temps, préparez la compote pommes-clémentines.

4 Dégazez la pâte (appuyez dessus pour en faire ressortir l'air). Coupez-la en 8 pâtons et étalez chaque pâton en un disque assez épais au centre (pour ne pas que la pâte se brise au moment du façonnage).

Préparation Menu #1

5 Déposez 2 grosses cuil. de sauce bolognaise froide au centre de chaque disque, puis ramenez les bords vers le centre pour bien fermer.

6 Soudez bien la pâte, sinon la garniture va s'échapper. Déposez les buns au fur et à mesure sur une plaque de four recouverte de papier sulfurisé. Préchauffez le four à 180 °C (th. 6). Badigeonnez les buns de lait à l'aide d'un pinceau.

7 Faites cuire les buns 20 min environ jusqu'à ce qu'ils soient dorés. Congelez les buns dans des sachets de congélation lorsqu'ils sont froids.

Préparez la compote pommes-clémentines

1 Épluchez 4 pommes et coupez-les en morceaux dans une casserole. Pressez 6 clémentines et versez le jus et la pulpe (attention aux pépins) dans la casserole.

2 Faites cuire la compote à feu doux avec un couvercle pendant 20 min en remuant de temps en temps. Mixez ensuite la compote jusqu'à ce qu'elle soit bien lisse. Congelez la compote dans une boîte hermétique.

Préparez les feuilletés aux poireaux et lardons

1 Coupez 1 blanc de poireau en petits morceaux et faites-le étuver dans un fond d'eau dans une poêle (avec un couvercle) pendant quelques minutes, jusqu'à ce qu'il devienne translucide.

2 Faites griller les lardons dans une autre petite poêle pendant 3 min. Découpez des cercles dans la pâte feuilletée.

3 Au centre des cercles, posez 1 cuil. de poireaux et quelques lardons. Poivrez et recouvrez d'un second cercle de pâte feuilletée. Fermez bien les bords en appuyant avec les doigts. Badigeonnez à l'aide d'un pinceau les petits dômes avec 1 jaune d'œuf (vous pouvez former un petit motif avec les chutes de pâtes).

4 Enfournez 15 min à 180 °C (th. 6). Les feuilletés doivent être bien dorés. Laissez refroidir et placez au congélateur dans des sacs congélation.

Préparez la soupe de poireaux à l'avoine

1 Faites revenir 2 blancs de poireaux et 1 échalote émincés dans 1 noix de beurre dans une casserole pendant 2 min. Remuez jusqu'à ce qu'ils commencent à devenir translucides. Ajoutez 1 verre de flocons d'avoine, 3 verres d'eau, 15 cl de lait et 1 cube de bouillon. Poivrez et ajoutez de la noix muscade.

2 Faites mijoter à feu doux 30 min. Laissez refroidir et congelez dans une boîte hermétique.

Autres préparations

1 Épluchez 2 carottes, coupez-les en bâtonnets et placez-les au frais dans une boîte hermétique.

Résultat Menu #1

 Menu #1

Lundi

Spaghettis bolognaise
Salade de fruits vitaminée

Préparation :
10 min
Cuisson :
10 min

Faites cuire 100 g de spaghettis dans de l'eau bouillante salée 10 min. Faites réchauffer la bolognaise dans une casserole à feu doux.
Pendant la cuisson des pâtes, préparez la salade de fruits frais pour le dessert. Épluchez la mangue, 1 pomme et 1 banane. Coupez en cubes ou en rondelles. Épluchez 2 clémentines et pressez-en une troisième. Versez le tout dans un saladier. Ajoutez 1 cuil. à café de vanille liquide, 2 cuil. à soupe de sucre roux et 1 bâton de cannelle. Mélangez.

Mardi

Buns à la bolognaise
Yaourt

Préparation :
5 min
Cuisson :
1 min 30

Sortez les buns à la bolognaise du congélateur et réchauffez-les pendant 1 min 30 au micro-ondes ou 15 min au four à 180 °C (th. 6).
Servez les bâtonnets de carottes à grignoter avec les buns. Proposez 1 yaourt en dessert.

Mercredi

Velouté de chou-fleur et tartines grillées
Compote pommes-clémentines

Préparation :
5 min
Cuisson :
10 min

Le matin, sortez la compote pommes-clémentines du congélateur et placez-la au réfrigérateur.
Le soir, sortez le velouté de chou-fleur du congélateur et faites-le décongeler à feu doux dans une casserole.
Préchauffez le four à 180 °C (th. 6). Coupez des tranches de pain dans une baguette ou une boule. Tartinez-les de fromage à tartiner puis déposez 2 rondelles de bûchette de chèvre. Enfournez 10 min, jusqu'à ce que le fromage soit fondu. Accompagnez le velouté de tartines grillées puis servez de la compote en dessert

Jeudi

Feuilletés aux poireaux et lardons
Clémentines

Préparation :
5 min
Cuisson :
10 min

Le matin, sortez les feuilletés aux poireaux du congélateur et placez-les au réfrigérateur.
Le soir, réchauffez les feuilletés au four 10 min à 180 °C (th. 6).
Servez des clémentines en dessert.

Vendredi

Soupe de poireaux à l'avoine
Pain perdu

Préparation :
10 min
Cuisson :
10 min

Sortez la soupe à l'avoine du congélateur et faites-la réchauffer à feu doux dans une casserole.
Pendant ce temps, préparez du pain perdu. Fouettez 1 œuf avec 10 cl de lait, 1 sachet de sucre vanillé et 1 demi-cuil. à café de cannelle.
Faites fondre 20 g de beurre dans une poêle et saupoudrez-le de sucre. Lorsque le beurre est bien fondu, trempez les tranches de pain dans le mélange œuf-lait, des deux côtés pour que le pain soit bien imbibé. Faites dorer les tranches de pain pendant 1 min de chaque côté, à feu assez fort. Elles doivent être bien caramélisées ! Servez en dessert après la soupe.

Menu #2

Courses Menu #2

Courses Menu #2

Légumes / Fruits

- 500 g d'endives
- 1 filet de clémentines
- 1 petit bouquet de persil
- 3 gousses d'ail
- 5 petits oignons
- 1 quart de potiron
- 1 petite patate douce
- 1 paquet de salade de mâche

Placard de base

- 1 tablette de chocolat noir à pâtisser à 55 % de cacao
- Lentilles corail
- 2 cuil. à soupe de concentré de tomates
- Riz thaï
- Ail semoule
- Curry
- Chapelure
- Farine
- Maïzena
- Sucre en poudre
- Sucre vanillé
- Levure chimique
- Bâton de cannelle
- Noix muscade
- Huile d'olive
- Sel, poivre

Viande / Poisson

- 2 tranches de jambon
- 500 g de poisson blanc (cabillaud, plie, lieu noir…)
- 150 g de crevettes décortiquées
- 250 g d'aiguillettes de poulet
- 150 g de lardons fumés

Crèmerie

- 60 cl de lait
- 1 pot de crème fraîche épaisse
- 1 petit paquet de fromage râpé
- Yaourts
- 1 plaquette de beurre

Épicerie

- 6 œufs
- 1 petite boîte d'épinards en conserve
- 1 bonne baguette
- 2 gousses de vanille

Congélateur

- 50 g de petits pois surgelés

Lundi

Gratin d'endives au jambon
Salade de clémentines et vanille

Mardi

Riz aux crevettes
Muffin à la clémentine

Mercredi

Ragoût de potiron et aiguillettes de poulet pané
Crème à la vanille

Jeudi

Croquettes de poisson pané et épinards
Yaourts

Vendredi

Flam'baguette et salade
Clémentines

Préparation Menu #2

Préparez le gratin d'endives au jambon

1 Lavez les endives et coupez-les en petits morceaux. Faites fondre 1 noix de beurre dans une cocotte. Déposez les endives et mettez un couvercle. Faites cuire pendant 15 min, en remuant de temps en temps.

2 Saupoudrez 1 cuil. à soupe de farine, mélangez et versez 10 cl de lait. Salez, poivrez et ajoutez de la noix muscade et 1 cuil. à soupe de crème fraîche. Coupez 2 tranches de jambon en morceaux et déposez-les également dans la cocotte.

3 Versez la préparation dans un plat à gratin et saupoudrez de fromage râpé lorsqu'il aura refroidi. Filmez le plat et conservez-le au frais jusqu'au lendemain.

Préparez les muffins à la clémentine

1 Prélevez le zeste de 1 clémentine. Pressez 2 clémentines et filtrez le jus.

2 Fouettez 3 jaunes d'œufs avec 100 g de sucre en poudre. Ajoutez 80 g de beurre fondu, le jus des clémentines et le zeste. Fouettez la préparation jusqu'à ce qu'elle soit bien lisse et ajoutez 130 g de farine et 1 cuil. à café de levure chimique.

3 Montez les 3 blancs d'œufs en neige et incorporez-les délicatement à la préparation.

Répartissez la pâte dans les empreintes à muffins.

4 Enfournez les muffins 20 à 25 min à 180 °C (th. 6), jusqu'à ce qu'ils soient bien dorés. Laissez-les ensuite refroidir sur une grille. Pendant ce temps, préparez les croquettes de poisson pané.

5 Quand les muffins sont froids, faites fondre la tablette de chocolat en morceaux au bain-marie. Lorsqu'il est fondu, remuez-le et répartissez-le sur les muffins à l'aide d'une cuillère. Laissez durcir le glaçage à température ambiante. Déposez les muffins dans une boîte en fer.

Préparez les croquettes de poisson pané

1 Versez 4 cuil. à soupe de farine dans une assiette creuse, 100 g de chapelure dans une autre assiette creuse et 2 blancs d'œufs légèrement battus à la fourchette dans une troisième.

2 Mixez le poisson blanc avec 1 demi-bouquet de persil, 2 gousses d'ail, un peu de sel et de poivre. Formez des galettes entre vos mains. Trempez chaque galette dans la farine, puis dans le blanc d'œuf, puis dans la chapelure.

3 Déposez les poissons panés au fur et à mesure sur une assiette et laissez reposer au réfrigérateur 30 min environ. Pendant ce temps, préparez le riz aux crevettes.

Préparation Menu #2

4 Après le temps de repos des poissons panés, faites chauffer une poêle avec un peu d'huile d'olive. Faites-les dorer pendant 5 min de chaque côté.

5 Laissez refroidir et congelez les poissons panés.

Préparez le riz aux crevettes

1 Émincez 1 petit oignon. Dans une sauteuse, faites chauffer 1 cuil. à soupe d'huile d'olive. Ajoutez l'oignon et remuez. Laissez cuire 2 min puis ajoutez 125 g de riz. Mélangez.

2 Versez 40 cl d'eau, mélangez et ajoutez 1 cuil. à café d'ail semoule, 1 pincée de curry, du sel et du poivre. Ajoutez les crevettes et les petits pois surgelés. Laissez cuire 20 min en remuant de temps en temps, jusqu'à ce que le riz soit tendre.

3 Laissez refroidir et placez au frais dans une boîte hermétique.

Préparez le ragoût de potiron

1 Épluchez 1 oignon et émincez-le. Faites-le revenir dans 1 cuil. à soupe d'huile d'olive dans une sauteuse.

2 Épluchez le potiron et la patate douce et coupez-les en cubes. Ajoutez-les dans la sauteuse et remuez. Ajoutez ensuite 1 gousse d'ail émincée finement et 1 verre de lentilles corail. Ajoutez 50 cl d'eau, 1 cuil. à café de

curry, de la noix muscade et 2 cuil. à soupe de concentré de tomates. Remuez et salez. Mettez un couvercle et laissez mijoter 30 min à feu moyen en remuant de temps en temps, jusqu'à ce que les légumes soient tendres.

3 Laissez refroidir et congelez dans une boîte hermétique (ou plusieurs si vous voulez faire plusieurs portions).

Préparez les crèmes à la vanille

1 Versez 30 g de Maïzena dans 50 cl de lait froid et fouettez. Ajoutez 30 g de sucre en poudre et 1 sachet de sucre vanillé. Fendez 1 gousse de vanille en deux dans le sens de la longueur et grattez les graines. Déposez les graines de vanille dans la casserole.

2 Faites chauffer sans cesser de fouetter jusqu'à ce que la crème prenne. Cette opération prend environ 6 à 8 min. Lorsque la crème est prise, répartissez-la dans des ramequins.

3 Laissez refroidir à température ambiante et placez au réfrigérateur recouvert de film alimentaire.

Préparez la salade de clémentines et vanille

1 Épluchez 6 clémentines et coupez les quartiers en deux. Déposez les quartiers dans un saladier. Grattez les graines de 1 gousse de vanille à l'aide d'un couteau pointu et ajoutez-les avec 15 g de sucre et 1 bâton de cannelle.

2 Conservez au réfrigérateur dans une boîte hermétique.

Résultat Menu #2

STAUB
STAUB

À faire chaque soir Menu #2

Lundi

Gratin d'endives au jambon
Salade de clémentines et vanille

Cuisson : 20 min

Préchauffez le four à 180 °C (th. 6). Faites gratiner le gratin d'endives au jambon pendant 20 min jusqu'à ce que le fromage soit doré.
Servez la salade de clémentines à la vanille en dessert.

Mardi

Riz aux crevettes
Muffin à la clémentine

Cuisson : 10 min

Faites réchauffer le riz aux crevettes 10 min dans une casserole à feu doux.
Servez 1 muffin à la clémentine en dessert.

Mercredi

Ragoût de potiron et aiguillettes de poulet pané
Crème à la vanille

Préparation : 5 min
Cuisson : 10 min

Le matin, sortez le ragoût de potiron du congélateur et placez-le au réfrigérateur.
Le soir, faites réchauffer le ragoût dans une casserole à feu doux. Pendant ce temps, préparez les aiguillettes de poulet. Trempez-les dans de la farine, puis dans 1 œuf battu et enfin dans de la chapelure. Faites-les griller dans une poêle légèrement huilée.
Servez 1 petite crème à la vanille en dessert.

Jeudi

Croquettes de poisson pané et épinards
Yaourts

Préparation :
5 min
Cuisson :
15 min

Préchauffez le four à 200 °C (th. 6-7). Réchauffez pendant 15 min au four les croquettes de poisson pané.
Pendant ce temps-là, préparez les épinards : émincez 1 oignon, faites-le revenir dans 1 noisette de beurre. Ajoutez les épinards égouttés et laissez cuire quelques minutes. Ajoutez 1 cuil. de crème. Salez, poivrez.
Servez les poissons panés avec des épinards, et 1 yaourt en dessert.

Vendredi

Flam'baguette et salade
Clémentines

Préparation :
5 min
Cuisson :
10 min

Coupez la baguette en deux, puis à nouveau en deux dans l'épaisseur pour obtenir 4 grandes tartines. Préchauffez le four à 210 °C (th. 7). Mélangez 4 cuil. à soupe de crème fraîche avec du sel et du poivre. Émincez finement 2 petits oignons. Faites revenir les lardons dans une poêle 5 min. Sur chaque flam'baguette, étalez 1 cuil. de crème fraîche, déposez des oignons émincés et des lardons. Déposez les flam'baguettes sur une plaque de four recouverte de papier sulfurisé et enfournez 10 min. Servez chaud avec de la salade de mâche.
Proposez des clémentines en dessert.

Menu #3

Courses Menu #3

Légumes / Fruits

- 2 poivrons rouges
- 1 oignon
- 1 gousse d'ail
- 1 demi-courge butternut
- 1,5 kg de pommes de terre Bintje
- 1 petite tête de chou vert
- Salade verte
- 1 petit ananas Victoria
- 2 pommes
- 1 botte de persil

Placard de base

- 1 tablette de 200 g de chocolat noir à pâtisser
- Riz
- Sucre en poudre
- Sucre roux
- Clous de girofle
- Laurier
- Cumin
- Noix muscade
- Huile d'olive
- Sel, poivre

Viande / Poisson

- 300 g de viande de bœuf hachée
- 250 g de pavés de saumon

Crèmerie

- 1 boule de mozzarella
- 25 cl de lait
- 1 pot de fromage ail et fines herbes
- 10 cl de crème liquide
- 1 paquet de fromage râpé
- 1 petit pot de fromage blanc

Épicerie

- 1 pâte brisée
- 1 pâte feuilletée
- 1 petite boîte de tomates pelées
- 25 cl de coulis de tomates
- 200 g de haricots rouges (en conserve)
- 10 œufs extra-frais

Lundi

Papillote de saumon au four au fromage ail et fines herbes et purée
Mousse au chocolat

Mardi

Purée grillée et œuf sur le plat
Mousse cuite au chocolat

Mercredi

Chaussons aux légumes et salade verte
Pommes au four

Jeudi

Soupe au chou et butternut et feuilletés au fromage
Ananas

Vendredi

Chili sans piment et riz
Fromage blanc au sucre

Préparation Menu #3

Préparez les chaussons aux légumes

1 Rincez 1 poivron et coupez-le en petits cubes. Faites-le revenir dans une poêle dans 1 cuil. à soupe d'huile d'olive. Remuez de temps en temps et laissez cuire 15 min. Ajoutez 3 tomates pelées coupées en petits dés. Salez, poivrez.

2 Étalez la pâte brisée sur le plan de travail légèrement fariné. Coupez des cercles de 10 cm de diamètre en vous aidant d'un verre ou d'un bol. Disposez la garniture sur un côté du cercle en ajoutant des petits cubes de mozzarella.

3 Badigeonnez d'eau le tour des cercles à l'aide d'un pinceau. Refermez les cercles en deux, en chausson. Piquez le tour des chaussons avec une fourchette.

4 Faites cuire les chaussons pendant 20 à 25 min à 180 °C (th. 6). Ils doivent être bien dorés. Lorsque les chaussons sont froids, déposez-les dans un sachet de congélation et congelez-les jusqu'à mercredi.

Préparez le chili sans piment pendant la cuisson des chaussons

1 Émincez 1 oignon et coupez 1 poivron en morceaux. Faites-les revenir dans une cocotte dans 1 cuil. d'huile d'olive. Lorsque l'oignon est translucide, ajoutez la viande hachée et augmentez le feu. Faites griller la viande en remuant.

2 Ajoutez alors le coulis de tomates, 1 gousse d'ail émincée, 1 clou de girofle, 1 feuille de laurier et

1 pincée de cumin. Salez et poivrez. Laissez mijoter à feu doux avec un couvercle, en remuant de temps en temps, pendant 20 min. Ajoutez les haricots rouges et faites cuire à feu doux pendant encore 10 min.

3 Laissez refroidir le chili avant de le congeler dans un bac en plastique jusqu'au vendredi.

Préparez la soupe au chou et butternut pendant la cuisson du chili

1 Épluchez la demi-courge butternut et 2 pommes de terre. Coupez-les en petits cubes. Émincez le chou finement en lamelles.

2 Faites cuire les légumes dans une casserole d'eau bouillante avec un peu de sel pendant 25 min, jusqu'à ce qu'ils soient tendres. Mixez la soupe jusqu'à ce qu'elle soit bien lisse en ajoutant une ou deux louches de bouillon de cuisson selon la texture souhaitée (plus ou moins épaisse). Ajoutez du poivre, du persil haché si vous le souhaitez, de la noix muscade et 1 noisette de beurre.

3 Lorsque la soupe est froide, congelez-la dans un bac en plastique jusqu'au jeudi.

Préparation Menu #3

Pendant la cuisson de la soupe, préparez la purée mousseline

1 Épluchez 1 kg de pommes de terre et coupez-les en cubes. Faites-les cuire dans une casserole d'eau bouillante pendant 20 min environ, jusqu'à ce qu'elles soient cuites.

2 Égouttez-les et reversez les pommes de terre dans la casserole. Écrasez-les à l'aide d'un presse-purée. Salez, poivrez et ajoutez de la noix muscade. Ajoutez 25 cl de lait en plusieurs fois en fouettant bien la purée. Elle doit devenir toute légère. Ajoutez 20 g de beurre en dernier.

3 Versez la purée dans un saladier et, lorsqu'elle est froide, filmez-la et conservez-la au réfrigérateur jusqu'au lendemain.

Pendant la cuisson des pommes de terre, préparez la mousse au chocolat

1 Faites fondre 25 g de beurre avec le chocolat cassé en morceaux au bain-marie. Remuez jusqu'à ce que le chocolat soit bien lisse. Laissez tiédir.

2 Dans un saladier, mélangez 25 g de beurre avec 50 g de sucre à l'aide d'une cuillère en bois, jusqu'à l'obtention d'un mélange bien crémeux. Cassez 6 œufs et séparez les blancs des jaunes. Ajoutez les jaunes dans le saladier. Fouettez la préparation et versez le chocolat fondu. Fouettez jusqu'à ce que le mélange soit bien lisse.

3 Montez les blancs en neige bien ferme et ajoutez-les à la préparation au chocolat à l'aide

d'une spatule souple en silicone en plusieurs fois, pour ne pas les casser.

4 Répartissez la mousse au chocolat dans des ramequins et filmez-les. Conservez-les au réfrigérateur jusqu'au lendemain.

Préparez les papillotes de saumon au four

1 Ôtez la peau du saumon et rincez-le sous l'eau pour ôter les dernières écailles. Posez les filets sur du papier absorbant. Préchauffez le four à 180 °C (th. 6).

2 Déposez les pavés de saumon dans un plat recouvert d'un grand morceau de papier sulfurisé. Tartinez les pavés de saumon de fromage ail et fines herbes, salez, poivrez et versez 10 cl de crème liquide par-dessus. Rabattez le papier sulfurisé sur le poisson et enfournez pour 20 min. Laissez refroidir et placez au frais en recouvrant le plat de film alimentaire.

Préparez les pommes au four

1 Épluchez 2 pommes et ôtez les trognons. Coupez-les en deux, pour obtenir 4 moitiés. Déposez-les dans un plat. Ajoutez 1 noisette de beurre et 1 cuil. à soupe de sucre roux sur chaque moitié. Versez un peu d'eau dans le fond du plat pour éviter que les pommes attachent.

2 Enfournez pour 30 min à 200 °C (th. 6-7), jusqu'à ce que les pommes soient fondantes et caramélisées. Laissez refroidir et placez au frais recouvert de film alimentaire.

Résultat Menu #3

À faire chaque soir Menu #3

Lundi

Papillote de saumon au four au fromage ail et fines herbes et purée
Mousse au chocolat

Préparation : 5 min
Cuisson : 10 min

Faites réchauffer les papillotes de saumon au four.
Faites réchauffer la purée (en en prélevant 200 g pour le lendemain soir) au micro-ondes ou dans une casserole à feu doux en fouettant pendant que le poisson est au four. Servez le poisson avec de la purée, puis 1 mousse au chocolat en dessert.

Mardi

Purée grillée et œuf sur le plat
Mousse cuite au chocolat

Préparation : 5 min
Cuisson : 10 min

Cassez 1 œuf dans les 200 g de purée restants. Fouettez et ajoutez 20 g de fromage râpé.
Dans une poêle, faites fondre 1 noix de beurre puis déposez la purée. Faites-la griller pendant 3 min à feu assez vif puis retournez-la à l'aide d'une spatule.
Cassez 2 œufs dans une poêle antiadhésive très chaude légèrement huilée. Faites cuire les œufs sur le plat pendant 3 min et déposez-les immédiatement dans une assiette avec de la purée grillée.
Pendant que les enfants mangent, préchauffez le four à 200 °C (th. 6-7). Faites cuire 2 mousses au chocolat de la veille au four pendant 5 min. Les mousses vont gonfler et ressembler à des petits soufflés. Vous pouvez aussi servir les mousses telles quelles si vous ne souhaitez pas allumer le four.

Mercredi

Chaussons aux légumes et salade verte
Pommes au four

Préparation : 5 min
Cuisson : 10 min

Préchauffez le four à 180 °C (th. 6). Sortez les chaussons aux légumes du congélateur, puis réchauffez-les pendant 10 min. Servez avec de la salade verte.
Servez les pommes cuites en dessert. Vous pouvez les réchauffer un peu avant de les servir.

Jeudi

Préparation :
5 min
Cuisson :
10 min

Soupe au chou et butternut et feuilletés au fromage
Ananas

Faites décongeler la soupe à feu doux dans une casserole. Préchauffez le four à 200 °C (th. 6-7) et préparez les feuilletés au fromage pendant que la soupe réchauffe. Déroulez la pâte feuilletée sur un morceau de papier sulfurisé. Coupez des petits rectangles dans la pâte à l'aide d'une roulette et déposez-les sur une plaque de four recouverte de papier sulfurisé. Badigeonnez-les de jaune d'œuf à l'aide d'un pinceau et saupoudrez de fromage râpé. Enfournez 6 à 8 min jusqu'à ce qu'ils soient bien dorés. Servez avec la soupe.
Épluchez l'ananas, ôtez la partie centrale dure et coupez-le en petits cubes. Répartissez dans deux bols et saupoudrez d'un peu de sucre roux s'il est trop acide.

Vendredi

Préparation :
5 min
Cuisson :
10 min

Chili sans piment et riz
Fromage blanc au sucre

Réchauffez le chili à feu doux dans une casserole. Faites cuire 60 g de riz selon les indications du paquet.
Servez le chili avec un peu de riz, puis du fromage blanc sucré en dessert.

Menu #4

Courses Menu #4

Courses Menu #4

Légumes / Fruits

* 5 carottes
* 1,5 kg de pommes de terre
* 1 navet
* 2 blancs de poireaux
* 3 oignons
* 1 botte de persil
* 1 échalote
* 1 paquet de mâche
* 2 bananes
* 1 filet de clémentines

Placard de base

* Lentilles corail
* Riz rond
* Riz thaï
* 1 tablette de chocolat noir à pâtisser
* 1 petit paquet d'amandes effilées
* Cubes de bouillon
* Farine
* Sucre en poudre
* Arôme Maggi
* Huile neutre
* Sel, poivre

Viande / Poisson

* 2 escalopes de dinde
* 2 tranches de saumon fumé

Crèmerie

* 1 l de lait entier
* 1 pot de 500 g de fromage blanc à 20 % de matière grasse
* 1 petit paquet de fromage râpé
* Petits-suisses
* 1 plaquette de beurre

Épicerie

* 6 œufs
* 1 gousse de vanille
* 1 boîte de poires au sirop

Congélateur

* 1 petit bac de glace à la vanille

Lundi

Soupe aux riweles
Riz au lait

Mardi

Bibleskäse au saumon fumé et galettes de pommes de terre
Clémentines

Mercredi

Blanquette de dinde express et riz
Smoothie clémentine-banane

Jeudi

Croquettes de riz et œufs brouillés
Petits-suisses

Vendredi

Soupe aux carottes et lentilles corail et râpés de pommes de terre
Poire Belle-Hélène

Préparation Menu #4

Préparez la soupe aux carottes et aux lentilles corail

1 Épluchez 2 carottes, 2 pommes de terre et le navet et coupez-les en petits morceaux. Émincez finement 1 blanc de poireau. Versez le tout dans une casserole avec 1 cube de bouillon et 100 g de lentilles corail. Couvrez d'eau. Faites cuire 25 min jusqu'à ce que les légumes soient tendres.

2 Mixez la soupe et laissez-la refroidir avant de la congeler dans une boîte hermétique.

Préparez les râpés de pommes de terre

1 Épluchez 1 kg de pommes de terre et 2 oignons. Dans un saladier, râpez les pommes de terre (avec les petits trous de la râpe). Ajoutez les oignons émincés et 2 œufs. Mélangez et assaisonnez. Ajoutez 2 cuil. à soupe de farine à la préparation.

2 Prélevez une grosse cuillerée de pâte et déposez-la dans une poêle bien chaude avec de l'huile. Faites griller les galettes pendant 5 min de chaque côté. Renouvelez l'opération jusqu'à épuisement de la pâte. Lorsque les râpés sont froids, congelez-les dans des sacs congélation.

Préparez la blanquette de dinde express

1 Coupez 2 carottes épluchées et 1 blanc de poireau en fines lamelles. Faites-les revenir puis étuver pendant une dizaine de minutes dans une sauteuse.

2 Dans une grande casserole, faites fondre 20 g de beurre, puis ajoutez 20 g de farine. Remuez à l'aide d'un fouet et ajoutez 35 cl d'eau. Mélangez jusqu'à ce qu'il n'y ait plus de grumeaux. Ajoutez alors 1 cube de bouillon, puis les légumes. Coupez les escalopes de dinde en petits morceaux et ajoutez-les également dans la casserole.

3 Salez, poivrez et ajoutez du persil frais haché. Laissez mijoter à feu doux pendant 15 min.

Lorsque la blanquette a bien refroidi, versez-la dans un bac en plastique et congelez-la jusqu'à mercredi.

Pendant que la blanquette mijote, préparez le riz au lait

1 Portez 1 l d'eau à ébullition. Versez 100 g de riz rond en pluie et laissez-le cuire pendant 3 min dans l'eau bouillante. Égouttez-le. Fendez 1 gousse de vanille en deux, dans la longueur et grattez les graines.

2 Dans une casserole, portez à ébullition 1 l de lait entier avec la gousse de vanille fendue, les graines de la gousse et 100 g de sucre Baissez le feu et ajoutez le riz. Laissez cuire à petit feu

Préparation Menu #4

pendant 35 min en remuant de temps en temps. Il ne doit pratiquement plus rester de lait à la fin de la cuisson. Retirez la gousse de vanille.

3 Éteignez le feu et laissez reposer dans la casserole pendant encore quelques minutes, pour que le riz absorbe le reste de lait. Versez le riz au lait dans des petits ramequins. Filmez les ramequins et conservez-les au frais.

Préparez les galettes de riz

1 Faites cuire 40 g de riz dans une casserole d'eau bouillante salée (vous devez en obtenir 125 g cuit). Déposez le riz refroidi et 1 œuf dans un mixeur. Mixez par à-coups grossièrement. Versez dans un saladier.

2 Épluchez 1 carotte et râpez-la. Émincez finalement 1 oignon et ajoutez le tout dans le saladier. Salez, poivrez et ajoutez 30 g de fromage râpé.

3 Faites chauffer 1 cuil. à soupe d'huile neutre dans une poêle antiadhésive et faites des petits tas de pâte dans la poêle. Faites cuire les galettes pendant quelques minutes sur une face puis retournez-les.

4 Laissez refroidir et congelez les galettes dans des sacs congélation.

Préparez la soupe aux riwele

1 Faites frémir 1,5 l d'eau avec du sel, 2 cubes de bouillon et 2 cuil. à soupe de Maggi (Arôme).

2 Dans un saladier, mélangez 1 œuf avec 1 pincée de sel et du poivre. Ajoutez 100 g de farine en pluie en remuant à l'aide d'une fourchette. Frottez ensuite la pâte entre les paumes de vos mains, de manière à former des petites quenelles (des riweles).

3 Faites-les pocher 8 à 10 min dans le bouillon frémissant, en remuant de temps en temps. Ajoutez du persil ciselé et laissez refroidir. Quand la soupe est froide, placez-la au réfrigérateur.

Résultat Menu #4

STAUB
STAUB

Menu #4

Lundi

Soupe aux riweles
Riz au lait

Préparation : 5 min
Cuisson : 10 min

Faites réchauffer la soupe aux riweles à feu doux dans une casserole.
Servez de la soupe bien chaude, puis 1 ramequin de riz au lait en dessert.

Mardi

Bibleskäse au saumon fumé et galettes de pommes de terre
Clémentines

Préparation : 10 min
Cuisson : 5 min

Réchauffez quelques râpés de pommes de terre dans une poêle puis, pendant ce temps, préparez le bibleskäse au saumon fumé. Émincez finement 1 échalote et 1 cuil. à soupe de persil. Mélangez-les avec 200 g de fromage blanc. Salez et poivrez. Coupez les tranches de saumon en lamelles et ajoutez-les dans le fromage blanc.
Servez les râpés de pommes de terre avec le fromage blanc au saumon fumé, puis quelques feuilles de mâche.
Servez des clémentines pour le dessert.

Mercredi

Blanquette de dinde express et riz
Smoothie clémentine-banane

Préparation : 10 min
Cuisson : 10 min

Faites décongeler la blanquette de dinde dans une casserole à feu doux puis faites cuire 100 g de riz dans une casserole. Préparez ensuite le smoothie pour le dessert. Pressez 5 clémentines et versez le jus obtenu dans un blender. Coupez 2 bananes en rondelles et déposez-les dans le blender également. Mixez jusqu'à l'obtention d'un smoothie bien lisse. Répartissez dans 2 verres et conservez au frais jusqu'au moment du dessert.
Servez la blanquette de dinde avec du riz et 1 smoothie avec une paille en dessert.

Jeudi

Croquettes de riz et œufs brouillés
Petits-suisses

Préparation :
15 min
Cuisson :
10 min

Le matin, sortez les galettes de riz du congélateur et placez-les au réfrigérateur.
Le soir, faites-les réchauffer dans une poêle à feu doux.
Pendant ce temps, cassez 2 œufs dans une autre poêle légèrement huilée, salez, poivrez et remuez pendant 2 min jusqu'à que les œufs soient cuits.
Versez les œufs brouillés dans une assiette et accompagnez-les de galettes de riz.
Servez des petits-suisses en dessert.

Vendredi

Soupe aux carottes et lentilles corail et râpés de pommes de terre
Poire Belle-Hélène

Préparation :
10 min
Cuisson :
10 min

Réchauffez la soupe aux carottes et aux lentilles corail à feu doux dans une casserole, puis passez quelques râpés de pommes de terre à la poêle à feu doux pour les réchauffer.
Préparez les poires Belle-Hélène. Faites fondre 50 g de chocolat au bain-marie. Lorsqu'il est fondu, remuez-le à l'aide d'une spatule pour qu'il soit bien lisse. Déposez 2 demi-poires égouttées dans 2 coupelles. Déposez 1 boule de glace vanille et répartissez le chocolat fondu par-dessus. Saupoudrez d'amandes effilées.
Servez la soupe avec des râpés de pommes de terre, et la poire Belle-Hélène pour le dessert.

Menus du printemps

Menu #1 du printemps

Lundi

Radis et fromage blanc
Hachis Parmentier au poulet rôti
Compote pomme-rhubarbe

Mardi

Soupe de légumes et tartines
Crème au chocolat

Mercredi

Tomates cerise
Filet de plie pané et blé
Pomme

Jeudi

Bibleskäse
Salade de fruits

Vendredi

One pot pasta au surimi
Petit-suisse nature et compote pomme-rhubarbe

Menu #2 du printemps

Lundi

Œuf à la coque et purée de haricots verts
Muffin au chocolat

Mardi

Riz sauté aux légumes
Fromage
Salade de fraises

Mercredi

Galettes de légumes, jambon et fromage blanc
Compote pommes-fraises

Jeudi

Quiche sans pâte aux asperges
Salade de crudités
Glace à la banane

Vendredi

Soupe de légumes verts
Crêpes

Menu #3 du printemps

Lundi

Boulettes de viande
Poêlée de petits pois
Soupe de fraises

Mardi

Pizzas-tartines et salade
Yaourt

Mercredi

Gratin de coquillettes
Ananas rôti au sirop d'érable

Jeudi

Croquettes de poulet-pommes de terre et salade
Petits-suisses

Vendredi

Soupe à la tomate et pâtes alphabet
Pomme au four feuilletée

Menu #4 du printemps

Lundi

Feuilletés à la viande hachée et salade de betteraves
Compotée de pommes

Mardi

Œuf à la coque et croque-monsieur
Salade mangue-banane

Mercredi

Quiche lorraine et salade de tomates
Yaourt

Jeudi

One pot pasta poulet et petits pois
Petits-suisses

Vendredi

Velouté de chou-fleur au lard
Crumble aux pommes

Menus d'été

Menu #1 d'été

Lundi

Velouté de courgette à la Vache-qui-rit
Crêpes aux cerises

Mardi

Tarte à la courgette et ricotta et tomates cerise
Abricots

Mercredi

Feuilletés à la saucisse et purée de carottes
Compote d'abricots

Jeudi

Clafoutis aux tomates cerise et tartine
Petits-suisses

Vendredi

Pizzas tortillas
Glace au petit-suisse à la cerise

Menu #2 d'été

Lundi

Galettes d'avoine à la courgette et sauce tomate
Clafoutis aux cerises

Mardi

Roulés cordons-bleus et riz
Muffin aux abricots

Mercredi

Cake salé poivrons-lardons, fromage et salade tomate-pastèque
Fromage blanc aux abricots

Jeudi

Filet mignon en croûte et salade verte
Pastèque

Vendredi

Pizza-courgette
Yaourt

Menu #3 d'été

Lundi

Parmentier froid au thon et salade verte
Compote de mirabelles

Mardi

Œuf-nuage et coquillettes
Salade de fruits rouges

Mercredi

Soupe courgette, batavia, tomates
Muffins aux coquillettes
Fromage blanc aux mirabelles

Jeudi

Steak haché et frites de patates douces
Yaourt glacé aux fruits rouges

Vendredi

Tarte à la polenta et tomates cerise
Petit-suisse

Menu #4 d'été

Lundi

Wraps poulet-avocat et salade verte
Nectarines rôties au four et amandes

Mardi

Tomates farcies froides et salade
Compote pommes-cerises

Mercredi

Clafoutis de courgettes et sauce tomate
Reste de compote pommes-cerises ou de nectarines rôties

Jeudi

Omelette herbes-tomates cerise et pâtes
Crumble aux mûres

Vendredi

Crab cakes et salade
Flan à la noix de coco

Menus d'automne

Menu #1 d'automne

Lundi

Hachis Parmentier au jambon
Compote pommes-coings

Mardi

Poêlée aux légumes d'hiver et blé
Fluffy pancakes

Mercredi

Nuggets porc-parmesan et purée de légumes
Yaourt

Jeudi

Soupe de pois cassés
Cookies au potimarron

Vendredi

Risotto de coquillettes au potimarron
Banane

Menu #2 d'automne

Lundi

Knepfles
Flan au chocolat et dés de poire

Mardi

Saumon au four sur fondue de poireaux et knepfles grillés
Yaourt

Mercredi

Velouté de potimarron et tartines de fromage
Banane écrasée au jus d'orange

Jeudi

Quiche lorraine sans pâte
Poire

Vendredi

Galettes de chou-fleur et œuf dur
Muffin au potimarron

Menu #3 d'automne

Lundi

Soupe aux lentilles corail
Crêpes

Mardi

Crêpes jambon-champignons
Pomme

Mercredi

Boulettes de saumon et butternut rôtie
Compote pommes-poires-miel

Jeudi

Soupe de butternut à la châtaigne
Crumble à la compote pomme-poire-miel

Vendredi

Roulé de dinde au Kiri et pâtes
Yaourt

Menu #4 d'automne

Lundi

Chaussons aux légumes
Crème renversée au caramel

Mardi

Parmentier au confit de canard
Compote pommes, poires et cannelle

Mercredi

Soupe de légumes et vermicelles
Tartelette à la compote

Jeudi

Soupe de poisson
Semoule à la cannelle

Vendredi

Nuggets végétariens aux pois chiches et haricots verts
Petits-suisses

Menus d'hiver

Menu #1 d'hiver

Lundi

Spaghettis bolognaise
Salade de fruits vitaminée

Mardi

Buns à la bolognaise
Yaourt

Mercredi

Velouté de chou-fleur et tartines grillées
Compote pommes-clémentines

Jeudi

Feuilletés aux poireaux et lardons
Clémentines

Vendredi

Soupe de poireaux à l'avoine
Pain perdu

Menu #2 d'hiver

Lundi

Gratin d'endives au jambon
Salade de clémentines et vanille

Mardi

Riz aux crevettes
Muffin à la clémentine

Mercredi

Ragoût de potiron et aiguillettes de poulet pané
Crème à la vanille

Jeudi

Croquettes de poisson pané et épinards
Yaourts

Vendredi

Flam'baguette et salade
Clémentines

Menu #3 d'hiver

Lundi

Papillote de saumon au four au fromage ail et fines herbes et purée
Mousse au chocolat

Mardi

Purée grillée et œuf sur le plat
Mousse cuite au chocolat

Mercredi

Chaussons aux légumes et salade verte
Pommes au four

Jeudi

Soupe au chou et butternut et feuilletés au fromage
Ananas

Vendredi

Chili sans piment et riz
Fromage blanc au sucre

Menu #4 d'hiver

Lundi

Soupe aux riweles
Riz au lait

Mardi

Bibleskäse au saumon fumé et galettes de pommes de terre
Clémentines

Mercredi

Blanquette de dinde express et riz
Smoothie clémentine-banane

Jeudi

Croquettes de riz et œufs brouillés
Petits-suisses

Vendredi

Soupe aux carottes et lentilles corail et râpés de pommes de terre
Poire Belle-Hélène

Remerciements

Un grand merci à ma fille Hanaé, grâce à elle j'ai appris à être très bien organisée. C'est vrai que parfois le soir c'est la course, mais on se débrouille bien ! Cuisiner avec toi, même en semaine, c'est super, tu as fait d'énormes progrès et tu es toujours très appliquée ! Puis quand on passe à table et que tu me dis « hmm Maman, c'est délicieux ! » je fonds ! Tu avais 3 ans lors de l'écriture de cet ouvrage ; tu viens d'en avoir 4 et j'espère qu'on cuisinera ensemble pour plein d'autres projets encore.

Merci Anne pour ce titre qui me plaisait depuis si longtemps ! Merci pour ta disponibilité. Merci à toute l'équipe d'Hachette Pratique qui est au top comme toujours !

Merci à Maxime, Mélanie, Maman, Serge, Mamie, Papa, pour votre aide ou votre contribution quelle qu'elle soit dans cet ouvrage. Un merci spécial à Nicolas pour les photos d'Hanaé et de moi.

Merci encore et toujours aux lecteurs de mes deux blogs et à tous mes followers sur les réseaux sociaux.

Eva Harlé
http://www.evacuisine.fr/
http://www.avecmespetitesmains.fr/

Toutes les photographies de cet ouvrage ont été réalisées par Charly Deslandes, à l'exception des photos pages 4 et 8 : © Nicolas Leyendecker.

58, rue Jean Bleuzen – 92178 Vanves Cedex

Pour l'éditeur, le principe est d'utiliser des papiers composés de fibres naturelles, renouvelables, recyclables et fabriqués à partir de bois issus de forêts qui adoptent un système d'aménagement durable. En outre, l'éditeur attend de ses fournisseurs de papier qu'ils s'inscrivent dans une démarche de certification environnementale reconnue.

Direction : Catherine Saunier-Talec
Responsable éditoriale : Céline Le Lamer
Responsable artistique : Nicolas Beaujouan
Responsable de projet : Anne Vallet
Mise en page : Nord Compo
Correction : Claire Fontanieu
Fabrication : Amélie Latsch
Partenariats : Sophie Morier (smorier@hachette-livre.fr)

Dépôt légal : avril 2019
75-7376-9/01
ISBN : 978-2-01-708445-7
Imprimé en Espagne par Graficas Estella

PAPIER À BASE DE FIBRES CERTIFIÉES

hachette s'engage pour l'environnement en réduisant l'empreinte carbone de ses livres. Celle de cet exemplaire est de :
1,68 kg éq. CO_2
Rendez-vous sur www.hachette-durable.fr